Kohlhammer

Die Autorin

Monika Schwärzler ist Psychotherapeutin mit eigener Praxis und Begründerin des Vereins »Spiellernraum«.

Monika Schwärzler

Spielende Kinder versetzen Berge

Die Kraft des Rollenspiels für die Schule nutzen
Ein Leifaden

Verlag W. Kohlhammer

Dieses Werk einschließlich aller seiner Teile ist urheberrechtlich geschützt. Jede Verwendung außerhalb der engen Grenzen des Urheberrechts ist ohne Zustimmung des Verlags unzulässig und strafbar. Das gilt insbesondere für Vervielfältigungen, Übersetzungen, Mikroverfilmungen und für die Einspeicherung und Verarbeitung in elektronischen Systemen.

Die Wiedergabe von Warenbezeichnungen, Handelsnamen und sonstigen Kennzeichen in diesem Buch berechtigt nicht zu der Annahme, dass diese von jedermann frei benutzt werden dürfen. Vielmehr kann es sich auch dann um eingetragene Warenzeichen oder sonstige geschützte Kennzeichen handeln, wenn sie nicht eigens als solche gekennzeichnet sind.

Es konnten nicht alle Rechtsinhaber von Abbildungen ermittelt werden. Sollte dem Verlag gegenüber der Nachweis der Rechtsinhaberschaft geführt werden, wird das branchenübliche Honorar nachträglich gezahlt.

Dieses Werk enthält Hinweise/Links zu externen Websites Dritter, auf deren Inhalt der Verlag keinen Einfluss hat und die der Haftung der jeweiligen Seitenanbieter oder -betreiber unterliegen. Zum Zeitpunkt der Verlinkung wurden die externen Websites auf mögliche Rechtsverstöße überprüft und dabei keine Rechtsverletzung festgestellt. Ohne konkrete Hinweise auf eine solche Rechtsverletzung ist eine permanente inhaltliche Kontrolle der verlinkten Seiten nicht zumutbar. Sollten jedoch Rechtsverletzungen bekannt werden, werden die betroffenen externen Links soweit möglich unverzüglich entfernt.

1. Auflage 2025

Alle Rechte vorbehalten
© W. Kohlhammer GmbH, Stuttgart
Gesamtherstellung: W. Kohlhammer GmbH, Heßbrühlstr. 69, 70565 Stuttgart
produktsicherheit@kohlhammer.de

Print:
ISBN 978-3-17-045082-0

E-Book-Formate:
pdf: ISBN 978-3-17-045083-7
epub: ISBN 978-3-17-045084-4

Inhalt

1	Vom Berge-Versetzen	9
2	Die Kraft des Rollenspiels für die Schule nutzen	12
3	Der Leitfaden	15
4	Statement meines Lehrers Alfons Aichinger	18
5	**Klarheit schaffen**	**21**
5.1	Moreno und das Psychodrama	21
5.2	Aichinger/Holl und das analytische Kinderpsychodrama	22
5.3	Weiss und das pädagogische Rollenspiel	23
5.4	Unterscheidung therapeutisches und pädagogisches Rollenspiel	23
5.5	Rollentheorie, sozial-emotionale Kompetenzen, Selbstwirksamkeit	24
5.6	Beziehung ist Leben	28
6	**Rollenspiel »meets« Schule**	**32**
6.1	Schulpflicht/Schulbereitschaft	33
6.2	Morenos pädagogische Vorstellungen und VS-Lehrplan	35
6.3	Kreativität und Spontanität	37
6.4	Die Rahmenbedingungen und Materialien	39
6.5	Projektziele	41
6.6	Ablauf einer Projekteinheit	42

6.7	Die Rolle der Eltern	47
6.8	Die Rolle der Spielleitung/Klassenlehrerin	49
6.9	Interventionen/Techniken im Schulsetting	52
6.10	Beziehungsstiftende Geschichten: »Auf Entdeckungsreise in meine eigene, magische Welt!«	56
7	**Leitfaden fürs Rollenspiel: »Spielende Kinder versetzen Berge!«**	**64**
7.1	Projektvorbereitung	65
7.2	Projektdurchführung	85
7.3	Projektabschluss	105
8	**Die Kraft des Rollenspiels anwenden**	**116**
9	**FAQs**	**119**
9.1	Fragen zur Projektorganisation	119
9.2	Fragen zur Projektdurchführung	120
9.3	Fragen zum Projekttransfer	125
9.4	Fragen zur Finanzierung	126
Danksworte		**127**
Literatur		**129**
Anhang		**133**
1	Elternbrief	133
2	Einverständniserklärung	134
3	SDQ-Formulare	135
4	Checkliste	138
5	Klassenliste	140
6	Projektprotokoll	141

		Inhalt
7	Rollenmatrix	142
8	11 Beziehungsstiftende Geschichten	143

1 Vom Berge-Versetzen

»Die kleine Kathrin, die im Sommer 6 wurde, besucht seit 3 Monaten die Schule. Mittlerweile ist es Herbst geworden und am liebsten würde sie wieder in den Kindergarten zurückgehen. Das lange Sitzen und die strengen Anweisungen der Lehrerin machen ihr zu schaffen. Außerdem hat sie in der Klasse keine Freundin gefunden und es verlangt ihr sehr viel Kraft ab, sich zuhause um ihre beiden kleineren Geschwister zu kümmern und gleichzeitig ihre Schulaufgaben in Ruhe zu erledigen. Das geht nicht und weil sie das in der Schule niemandem erzählen kann, ist sie mit diesem Problem alleine. Das übersteigt ihre sozial-emotionalen Fähigkeiten als 6-Jährige, die eigentlich für den Ernst des Lebens groß genug sein sollte.«

Der Schuleintritt und der Schulbesuch für Grund- und Mittelschulkinder wird in unserer Gesellschaft zusehends fordernder, der familiäre Druck nimmt zu und der Leistungsanspruch der Institution Schule an die Kinder steigt. Und dann gibt es die andere, kindliche und private Seite, die am Beispiel von Kathrin deutlich wird. Wie auch Kathrin bringen Kinder ihren ureigenen, imaginären Rucksack mit in die Schule. In diesen sind die persönlichen Lebenserfahrungen des Kindes in Bezug auf Familie und ihr soziales Umfeld gepackt. Läuft in der Familie alles gut, kann das Schulkind mit seinem Wissensdurst und seiner kindlichen Neugier vom Unterricht profitieren. Ist das Kind hingegen wie Kathrin im Beispiel mit der Scheidung der Eltern, einer psychischen Erkrankung oder Suchterkrankung eines Elternteils, einer Armutsgefährdung, etc. konfrontiert, reichen die psychischen und sozialen Ressourcen des Kindes nicht mehr aus, den vielfältigen Anforderungen des Schulsystems gerecht zu werden.

Diese Kinder kommen dann sehr schnell an ihre emotionalen und sozialen Grenzen. Kinder wie Kathrin, die mit der privaten Situation überfordert sind, werden in Folge in der Schule auffällig und machen dadurch unbewusst auf sich aufmerksam. Das äußert sich zum Beispiel im Schulalltag so, dass sie durch Mobbing in die Opferrolle kommen, oder sie werden selbst zum/r Täter/in, und die angestauten Aggressionen werden auf ein anderes Kind projiziert. Im »Auf-sich-aufmerksam-Machen« sind Kinder Spezialisten und äußerst kreativ! Ich bin mir sicher, dass ihr liebe Lese*innen als Fachleute diese oder ähnliche Geschichten aus eurem Schulalltag kennt.

Überforderte Kinder brauchen eine andere Aufmerksamkeit und Betreuung, als die Pädagoginder Pädagoge ihnen manchmal im Sinne des Bildungsauftrags zu geben vermag. Dieser Widerspruch führt immer wieder zum pädagogischen Konflikt: einerseits besteht der Auftrag des/der Lehrers*in, die vom Lehrplan geforderten Bildungsziele zu erfüllen, den Schüler*innen mental die sogenannten »Kulturtechniken« beizubringen. Andererseits benötigen die Kinder in unserer Gesellschaftsstruktur primär in der Schule eine liebevolle Begleitung und das Rüstzeug zur Weiteréntwicklung ihrer Sozialkompetenz als Basis für mentales Lernen. Schließlich brauchen sie ein positives Vorbild, das emotionale Sicherheit und Vertrautheit bietet. Wenn man allen erwähnten Zielen entsprechen will, entsteht eine pädagogische Zwickmühle, die für alle am Schulsystem Beteiligten äußerst unbefriedigend sein kann – für die Schulkinder und deren Eltern und für die Pädagoginnen*en.

Was kann aus dieser Zwickmühle herausführen und diese scheinbar unvereinbaren Gegensätze verbinden? Welche Brücke kann diese Kluft überwinden und wie kommt ihr als Pädagog*innen dorthin? Und schließlich: Wie können Kinder dort abgeholt werden, wo sie gerade stehen, und mit ihnen gemeinsam der beste individuelle Weg gefunden werden?

Genau von diesen Fragen und den praktikablen Antworten handelt dieses Buch, das sich als Leitfaden für Pädagog*innen zur Einführung ins pädagogische Rollenspiel versteht. Die Methode des pädagogischen Rollenspiels vermag es, die Kinder im Alter von 6–14 Jahren in der Klassengemeinschaft emotional und sozial so zu fördern und zu stärken, dass es ihnen möglich wird, sich auf die geforderten Bildungsarbeiten zu konzentrieren und wieder »lernfähiger« zu werden. »Wie soll das gehen?« fragt man sich wohl als Pädagog*in. »Ich habe doch schon so viel versucht, mich weitergebildet und wenig von alledem war schulalltagstauglich bzw. zeigte nicht die von mir erwartete Wirkung!« »Mir fehlt manchmal die Motivation«, sagen vielleicht andere. Ich als ehemalige Volksschullehrerin weiß Bescheid über die heutigen schulischen Herausforderungen und kann deshalb all diese Aussagen und Vorbehalte gut verstehen. Trotz eventueller Einwände möchte ich euch mit diesem Buch ein leicht erlernbares, Freude und deutlichen Nutzen bringendes Tool in die Hand geben. In relativ kurzer Zeit werden sich nicht nur positive Effekte in den emotionalen und sozialen Fähigkeiten bei den Kindern einstellen, sondern auch bei euch selbst.

Diese Methode wird euch mitreißen und inspirieren, selbst Berge zu versetzen. Ich praktiziere sie schon seit über 15 Jahren und sie lässt mich täglich neu erfahren, dass sie funktioniert.

Mein Part in diesem Buch ist es, euch das Rollenspiel und seinen »Zauber« zu vermitteln, der eine Brücke über die Kluft zwischen der pädagogischen Schulwelt und der sozial-emotionalen Kinderwelt zu schlagen vermag. Nur wenn diese beiden Welten verstanden und zusammengebracht werden, kann es gelingen, wieder die Begeisterungsfähigkeit in den funkelnden Kinderaugen zu entdecken. Und ihr werdet euch als Lehrer*innen erfahren, die durch diese wundersame Methode des Rollenspiels aus der Mitte heraus wieder mit Freude unterrichten.

Im Sinne der besseren Lesbarkeit wähle ich im gesamten Buch aufgrund der weiblichen Mehrheit unter Pädagoginnen die weibliche Anredeform. Bitte fühlt euch dadurch immer alle als Frauen, Männer oder als LGBTQ1+ Personen ohne Ausnahme angesprochen. Ich spreche euch liebe Leserinnen direkt in der Du-Form an, weil es mir so am besten entspricht. Es sollte nicht als Respektlosigkeit verstanden werden.

2 Die Kraft des Rollenspiels für die Schule nutzen

»Kathrin kam heute zum ersten Mal von der Schule freudestrahlend nach Hause. Noch nie hat Kathrin zuhause etwas von der Schule erzählt. Doch heute war ein anderer Schultag, heute war Rollenspielprojekt. Sie hätten Ritterburg gespielt, die ganze Klasse habe sich verkleidet und aus dem Klassenraum eine Burg gebaut. Kathrin war die Königin der Ritterburg und die strenge Lehrerin ihre Dienerin. Sie hatte alles gemacht, was Kathrin ihr befahl. Als dann die bösen Ritter die Burg angriffen, kämpfte auch sie als Königin mit dem Schwert, bis die Ritter im Burgverlies eingesperrt wurden. Danach feierten alle Burgbewohner gemeinsam ein Fest, das war so cool. Kathrins Augen glänzen, wenn sie ihrer Mama vom Rollenspiel erzählt. Am liebsten hätte sie jeden Tag Rollenspiel.«

Diese oder so ähnliche Aussagen von Kindern über die Rollenspielprojekte an Schulen sind mir vertraut. Ich durfte über 15 Jahre mit meinen Kolleginnen vom »Spiellernraum« (www.spiellernraum.at) Schulprojekte in Volks-, Mittelschulen und Unterstufengymnasien durchführen und staunend die Veränderungen der Kinder miterleben. Wir vom Spiellernraum bekamen von den Schulen aus unterschiedlichen Gründen einen Projektauftrag. Meist ging es um Themen wie Mobbing in der Klasse, um Verhaltensauffälligkeiten von einzelnen Schülerinnen, um Querelen zwischen Mädchen und Jungen und um vieles mehr. Das Rollenspielprojekt war aus Kostengründen auf fünf Einheiten von wöchentlich zwei Schulstunden mit der gesamten Klasse beschränkt. Als Projektteam konnten wir zum Projektende immer wieder feststellen, dass wir die vorgenommenen Ziele erreichten und begleitend dazu die Rollenspieleinheiten nicht planbar positive Effekte auf die einzelnen Schülerinnen und das

Klassengefüge hatte. Es war und ist faszinierend zu beobachten, wie Kinder im Spiel aus der starken Position heraus krankmachende Situationen aus ihrer Lebenswelt aufzeigen, erfahrbar machen und zum Guten verwandeln können. Dieser Verwandlungsvorgang ist für mich die sozial-emotionale Kompetenzentwicklung.

Kathrin aus obigem Beispiel erlebt als Königin, wie ihre Befehle vorbehaltlos von ihrer sonst so strengen Lehrerin in der Dienerinnenrolle ausgeführt werden. Dadurch spürt sie, wie mächtig sie als Königin wird. Durch die Wiederholungen der mächtigen Spielrolle bekommen Kathrin und auch andere Kinder mehr Selbstsicherheit. Die Selbstsicherheit wird in den Schulalltag transferiert und führt zu einer lebensbejahenden Verhaltensänderung. Wie im Beispiel von Kathrin zeigen Kinder in der Schule Verhaltensauffälligkeiten, um auf Missstände jeglicher Art aufmerksam zu machen. Aus meinem Verständnis heraus sind Verhaltensauffälligkeiten nichts anderes als eine gesunde, unbewusste Anpassungsleistung der Kinder in Bezug auf ein krankmachendes System, ein Hilferuf. Wenn Pädagoginnen diese Zusammenhänge erkennen, dann verändert sich im Umgang mit den Kindern schon sehr viel. Das sozial-emotionale »Gesehen- und Gehört-Werden« der Kinder stellt in der Klassengemeinschaft die Basis für ein gelingendes, kognitives Lernen dar. Doch der Anspruch an die Pädagogin, auf die unterschiedlichen sozial-emotionalen Bedürfnisse der Schüler*nnen im Unterricht adäquat einzugehen, ist schon sehr herausfordernd und fast unmöglich.

Das pädagogische Rollenspiel hingegen kann »der« Schlüssel für diesen Anspruch sein. Mit Hilfe dieser von Moreno entwickelten Methode können Kinderseelen im Spiel aufblühen, sich stark zeigen, mehr Selbstsicherheit gewinnen und sich in ihrer Ganzheit erfahren. Die emotionalen und sozialen Bedürfnisse können im Rollenspiel mit der spielerischen Leichtigkeit, mit Witz und Humor aufgegriffen und verändert werden. Darum ist es mir ein großes Anliegen, das pädagogische Rollenspiel im Schulalltag in jeder Schulklasse als fixe Unterrichtsmethode zu etablieren. Das Rollenspiel als Basisarbeit schafft einen fruchtbaren Rahmen für ein gelingendes Lernen in der Klasse.

Mit dem vorliegenden Fachbuch möchte ich Pädagoginnen dazu motivieren, sich als »pädagogische Rollenspielexpertin« weiterzubilden. Mir ist natürlich klar, dass kein Buch eine Fortbildung ersetzen kann, denn eine kompetente Anwendung der Methode setzt Fortbildung und Training voraus. Jedoch soll das Buch als Inspiration und Begleitmanual auf dem Weg zur Rollenspielexpertin dienen. Die zuständige Fachfrau oder der Fachmann führt das Projekt mit der gesamten Schulklasse in Kooperation mit der Klassenlehrerin, der Begleitlehrerin bzw. einer weiteren dritten Person durch. Ich und mein Team im Spiellernraum stehen auf Wunsch für das jeweilige Schulprojekt unterstützend zur Verfügung. Das Projekt kann von uns auf Wunsch wissenschaftlich begleitet und/oder supervidiert werden. Ebenso bieten wir laufend Supervisionsgruppen an, um auftretende Fragen zu beantworten.

Das pädagogische Rollenspiel lebt vom Tun und der Umsetzung! Die noch so wertvollsten Tipps und das beste Handwerkszeug nutzen nichts, wenn das hier vermittelte Wissen nicht zur Umsetzung gelangt. Daher möchte ich euch ermutigen, mit einer gewissen Gelassenheit, Fehlerfreundlichkeit und Entschlossenheit zur Tat zu schreiten, mit der Ausbildung und der Rollenspielarbeit zu beginnen – besser heute als morgen! Die Schülerinnen und Schüler werden es euch danken! Nur durch das eigene Tun und die dadurch erworbenen, selbstbestätigenden Erfahrungen kann erlebt werden, wie gut diese Methode wirkt. Aber Achtung – es kann durch die Anwendung auch zu positiven Nebeneffekten im eigenen Lehrerleben kommen, das wird höchstwahrscheinlich eintreten – freut euch darauf!

3 Der Leitfaden

Ich habe mir wohl überlegt, welchen Anspruch ich an dieses Buch stelle. Wie viel Wissenschaftlichkeit »verpacke« ich darin, um ein von meiner Zielgruppe gewünschtes, ausgewogenes Verhältnis zwischen Theorie und Praxis zu schaffen. Da ihr, geschätzte Pädagoginnen, alle an Pflichtschulen tätigen Berufsgruppen, die mit Kindern/Jugendlichen arbeiten, Direktorinnen, Eltern und Interessierte meine Zielgruppe seid, möchte ich euch vor zu viel Theorie und Wissenschaftlichkeit verschonen. Es existieren genügend Fachbücher/Studien zur Wirkweise des kindlichen Spiels. Bei Interesse können die weiterführenden Bücher/links im Literaturverzeichnis gefunden werden. In erster Linie geht es mir im vorliegenden Werk darum, die geniale Methode des pädagogischen Rollenspiels mit Schulklassen auf verständliche, motivierende Art und Weise zu vermitteln und in weiterer Folge euch, liebe Pädagoginnen, für eine tatkräftige, lustvolle Umsetzung anzustiften!

Jedoch bedarf es einer einführenden Grundlagentheorie ins Kinderpsychodrama, um das Konzept und die Wirkweise der Rollenspiele an Schulen zu verstehen. Es werden unterschiedliche Vertreter des Psychodramas wie Jacob Levy Moreno, Walter Holl/Alfons Aichinger, Gabriele Weiss vorgestellt und Begrifflichkeiten wie Psychodrama, Kinderpsychodrama, pädagogisches Rollenspiel, sozial-emotionale Kompetenzen, Selbstwirksamkeit und der Rollenbegriff erklärt.

Danach wird eine Brücke zum Schulalltag geschlagen. Der Rahmen eines Schulprojekts, die benötigten Materialien, der Ablauf einer Projekteinheit und die Interventionstechniken werden in weiterer Folge vorgestellt. Es wird sowohl die Frage nach der Rolle der Lehrerin im Projekt als auch die der Eltern beantwortet. In jeder Projekteinheit wird mit den sogenannten »beziehungsstiftenden Geschichten« gearbeitet. Die beziehungsstiftenden Geschichten fördern die sozialen und emotionalen Fähigkeiten der Kinder im Umgang mit sich selbst und ihren Klassenkameraden. Ich stelle sie Euch in diesem Buch als unseren »Schatz« erstmalig öffentlich zur Verfügung. Alle Geschichten wurden von meiner Freundin Ruth Winkler und mir verfasst, sie sind urheberrechtlich geschützt. Zwei Geschichten durften wir von unseren Lehrern Walter Holl und Alfons Aichinger übernehmen. Die beziehungsstiftenden Geschichten müssen gespielt werden! Natürlich können jederzeit neue Geschichten geschrieben werden. Ich würde mich freuen, wenn Ihr Eure eigenen beziehungsstiftenden Geschichten mit dem Spiellernraum teilt.

Meines Erachtens ist es wichtig, das Thema der Schulpflicht/ Schulreife zu erwähnen. Sowohl bei der Schulpflicht als auch der Schulreife wird den Aspekten der emotionalen und der sozialen Kompetenzen der Kinder zu wenig Beachtung geschenkt. Dementgegen bezog Moreno bereits in den 1920er Jahren diese beiden Fähigkeiten in seine pädagogischen Vorstellungen von Schule mit ein. Ein besonderer Blick wird auf Morenos Rollentheorie, dem Herzstück des Psychodramas, geworfen. Durch die Erklärung der Rollentheorie kann die Bedeutsamkeit der Kinderrollen im Spiel besser verstanden werden.

Somit ist der theoretisch/praktische Rahmen für den Hauptteil des Buches geschaffen! Das pädagogische Kinderpsychodrama an Schulen wird als Leitfaden vorgestellt. Die Methode bietet sehr viele Möglichkeiten, hat aber auch ihre Grenzen. Es ist Präventionsarbeit, aber kein Psychotherapieersatz. Bevor die tatsächliche Projektumsetzung mit der Schulklasse beginnt, wird im ersten Schritt die Leitung bestimmt und im zweiten die Checkliste fürs Schulprojekt erstellt. Beispielgebend dafür wird die Klasse 1b vorgestellt, mit der ein Rollenspielprojekt praktisch veranschaulicht wird. Die Schulprojekte stellen eine besondere Form von Unterricht dar. Schüler*innen können sich auf einer anderen Beziehungsebene – der Symbolebene – begegnen und von- und miteinander lernen. Die von den einzelnen Kindern selbst gewählten Rollen bieten ihnen Schutz und Grenzen, aber auch gleichzeitig eine Chance zur Selbstwirksamkeit und zu emotionalem Wachstum. Drei 6-jährige Kinder der Klasse 1b, darunter auch Kathrin, die ihr schon kennt, hebe ich speziell hervor.

Ihnen werden bei der Projektdurchführung wichtige Rollen zugeteilt. Bei den Fallbeispielen der Kinder wird Bezug auf ihre Herkunftsgeschichte und ihr erlerntes Bindungsverhalten nach Bowlby hergestellt. Selbstverständlich sind ihre Namen und Identitäten dahingehend verändert worden, dass die Verschwiegenheitspflicht zum Schutz der Kinder und deren Eltern gewahrt werden kann. Im Idealfall soll dadurch nicht nur ein Verständnis für Kinder mit unterschiedlichen Bindungsmustern geschaffen werden, sondern auch Antworten für Pädagoginnen gegeben werden, wie sie auf die sozialemotionalen Bedürfnisse von Kindern mit Hilfe des pädagogischen Rollenspiels besser reagieren können.

Die Projektziele, das Setting, die Dokumentationsform bzw. auch die Frage nach der Projektevaluation werden im Anschluss daran geklärt. Die Projektdokumentation stellt ebenso wie die Projektevaluierung ein wesentliches Qualitätskriterium für die Arbeit mit Schulklassen dar. Der SDQ, ein valider Fragebogen zur Projektevaluierung, der Stärken und Schwächen von Kindern hinsichtlich der sozial-emotionalen Kompetenzen misst, wird vorgestellt. Der Fragebogen und die weiteren Formulare wie Checkliste, Projektdokumentation und andere beziehungsstiftende Geschichten finden sich im Buchanhang wieder.

Am Ende des Buches werde ich mögliche FAQs beantworten. Nach einer kurzen Zusammenschau folgt nochmals eine Aufforderung an euch, nicht im vorgegebenen Bildungssystem stecken zu bleiben. Wagt es, mit Hilfe des pädagogischen Rollenspiels neue Wege zu gehen, neue Sichtweisen für euch und eure Klasse zu entwickeln. Nur durch die Realisierung könnt ihr die Kraft dieser heilsamen Methode entdecken! Seid bei euren Entdeckungen aber milde und fehlerfreundlich mit euch selbst und holt, wenn nötig, Hilfe vom Spiellernraum. Zu diesem Thema werden immer wieder Seminare zur Vertiefung angeboten.

Nun liegt es an euch, geschätzte Buchleser/innen, das von mir hier zur Verfügung gestellte Wissen umzusetzen und zu eurem eigenen zu machen. Viel Spaß und Freude damit, es kann Flügel verleihen!

4 Statement meines Lehrers Alfons Aichinger

Die Zeit, die Kindern zum Spielen bleibt, geht seit Jahren zurück. Die American Academy of Pediatrics (AAP) warnt 2018 in ihrem ausführlichen Bericht vor diesem gefährlichen, weltweiten Trend. In Europa trägt vor allem die PISA-Diskussion erheblich dazu bei, dass in der Pädagogik die schulisch verwertbare Bildung stärker in den Vordergrund rückt und das Spiel zunehmend als ein überflüssiger und unproduktiver Zeitvertreib der Kinder gesehen wird. Mit ihrem Bericht will die AAP nicht nur auf die Wichtigkeit des kindlichen Spiels für die Gehirnentwicklung hinweisen. Sie geht sogar noch einen Schritt weiter und fordert, dass Kinderärzte sogar Spielzeit auf Rezept verschreiben sollen.

Bestätigung für die Macht des Spiels kommt in den letzten Jahren von den Neurowissenschaften. So fordert z. B. der Neurobiologe Gerald Hüther, den Kindern mehr Zeit zum Spielen einzuräumen. In »Rettet das Spiel!« (2018) ruft er dazu auf, die Bedeutung des Spiels nicht nur für Kinder, sondern auch für die Erwachsenen wiederzuentdecken und spielerische Kreativität wiederzugewinnen. Auch wenn noch wenige neuropsychologische Forschungen zum kindlichen Spiel vorliegen, und wenn eher von Tierversuchen, so betonen sie drei Vorteile des Spiels:

1. Spiel baut Angst und Stress ab. Das Spiel aktiviert körpereigene Belohnungs- und Annäherungssysteme und hemmt die Areale, die mit Angst und Aggressionen verbunden sind.
2. Spiel aktiviert die neuronalen Netzwerke, mit deren Hilfe wir kreativ und ideenreich werden – und dies besser als durch Förderprogramme.

3. Spiel fördert ganz entscheidend das »soziale« Gehirn, wie der Neurowissenschaftler Jaak Panksepp betont. Besonders im So-tun-als-ob-Spiel lernen wir die Regeln des Miteinanders.

Dieser gesellschaftlichen Entwicklung, dem Spiel immer weniger Raum zu geben, stellt sich Monika Schwärzler mit ihrem beeindruckenden Buch entschieden entgegen und stellt in der ausführlich beschriebenen Schulprojektarbeit die Macht des Spiels für Schulkinder in den Mittelpunkt. Mit den beziehungsstiftenden Geschichten fördert sie die sozialen und emotionalen Kompetenzen der Kinder im Umgang mit sich selbst und ihren Klassenkameraden. Beziehung und Gegenseitigkeit sind ja im Resilienzkonzept wichtige Leitideen. Da nach der entwicklungspsychologischen Literatur der Gruppe der Gleichaltrigen eine entscheidende Rolle für den Aufbau sozialer Kompetenz zukommt, ist es eine wichtige Aufgabe, Solidarität und hilfreiche Beziehungen untereinander zu entwickeln. Dadurch wird für die Zukunft ein wichtiger Schutzfaktor für die psychische Gesundheit des Kindes aufgebaut. Diese Erfahrung des Sich-Gegenseitig-Helfen-Könnens, die kooperative gegenseitige Hilfe ist für Moreno ja ein wesentlicher Faktor der Gruppentherapie. Zugleich sind diese Spiele auch bindungsfördernd.

Mit der Betonung der Bindung/Beziehung möchte Monika Schwärzler dazu beitragen, Kindern in Schulen eine gelingende Bindungserfahrung zu ermöglichen. Denn Bindung ist nach der neuen Resilienzforschung der mächtigste Schutzfaktor für gesunde Entwicklung und unsichere Bindung und Bindungsstörungen sind der größte bekannte Risikofaktor für die Entwicklung psychischer Störungen. Und mit der Betonung der Bindung greift sie auch die bedeutsame Aussage der Bindungsforschung auf, dass Lehrpersonen, ob sie wollen oder nicht, eine wichtige Bindungsperson für ihre Schüler*innen sind, je jünger die Kinder sind, umso stärker. Ihre Bindungshaltung beeinflusst die Bindungsentwicklung ihrer Schüler*innen, positiv wie negativ. Und ohne sicheres Bindungsverhalten der Lehrpersonen sind Verhaltensentwicklungen, aber auch Lernprozesse der Kinder beeinträchtigt. Denn nach der Bindungstheorie ermöglicht erst die Sicherung des Bindungsbedürfnisses Exploration und damit Lernen. Mit der Betonung der Bindung nimmt sie ernst, dass Lehrpersonen auch mit Kindern zu tun haben, die ihre unsicheren Bindungsmuster in die neue Beziehung zum Lehrer hineintragen, sodass es gerade auch in dieser Beziehung zu einer Wiederholung vorhandener Bindungsmuster kommt. Es ist jedoch sehr schwer, die vom Kind angebotene Beziehungsrolle nicht anzunehmen, sich diesem Sog zu entziehen und sich nicht komplementär zur Bindungsstrategie des Kindes zu verhalten. Ansonsten festigt die Lehrperson das negative Bindungsmuster.

Mit den bindungs- und beziehungsfördernden Spielen erhalten die Lehrpersonen eine sehr gute Möglichkeit, das Bindungsmuster der Kinder zu korrigieren. Nach dem Bindungsforscher Henri Julius gelingt dies über das Rollenspiel in einem Drittel der Zeit als auf der realen Interaktionsebene.

In ihrem Manual zeigt Monika Schwärzler detailliert auf, wie dieses Rollenspielprojekt von Lehrer*innen durchgeführt werden kann. Mit ihrem Buch fordert sie die Lehrpersonen auf, nicht im vorgegebenen Bildungssystem stecken zu bleiben, sondern mit Hilfe des pädagogischen Rollenspiels neue Wege zu gehen und mehr Raum zum Spielen zu schaffen. Monika Schwärzler ist es mit diesem Buch gelungen, beeindruckende und kreative Anwendungen des pädagogischen Kinderpsychodramas zu beschreiben. Mit ihrer Kreativität steuert sie zu bereichernden Erweiterungen unseres Konzeptes bei und zeigt, wie humorvoll, spielerisch und ermutigend diese wertvolle Arbeit mit Schulkindern sein kann.

Dieses Buch ist ein Buch aus der Praxis für die Praxis. Es ist eine wahre Goldader, bietet einen wunderbaren Schatz von Chancen, Lehrpersonen zu ermutigen und ihnen zu einem bereichernden Zugang zum Spielen zu verhelfen, um die soziale und emotionale Entwicklung von Kindern zu fördern. Die Lektüre des Buches wird auch die Spielfreude vieler Leser*innen anregen. Daher wünsche ich diesem Buch eine sehr große Verbreitung.

Alfons Aichinger, Ulm im Juli 2024

5 Klarheit schaffen

5.1 Moreno und das Psychodrama

Der Psychiater, Philosoph und Soziologe *Jacob Levy Moreno* (1889–1974) ist der Gründervater des Psychodramas. Das Wort »Psyche« stammt aus dem Griechischen und bedeutet »Seele«, »Drama« ebenfalls griechisch heißt »Handlung«, Psychodrama meint also Seelenhandlung. Seelenhandlung besagt, dass sich die menschliche Psyche in Bildern ausdrückt und diese Bilder in Handlungen umgesetzt und somit zum Ausdruck gebracht werden. Moreno glaubte, dass der Mensch auf die Begegnung mit anderen Menschen angewiesen ist, um die Begegnung mit sich selbst, mit der Gruppe, der Gesellschaft und der Welt zu ermöglichen (Moreno, 1973). Die psychotherapeutische Methode *Psychodrama* ist der Oberbegriff für das Psychodrama, die Soziometrie und das Soziodrama. Das Kinderpsychodrama ist als Unterbegriff dem Psychodrama zuzuordnen.

Das Psychodrama wurde durch zahlreiche biografische Einflussfaktoren Morenos inspiriert, wie seine Beobachtungen des kindlichen Spiels, das Mitwirken im Stegreiftheater, seine Glaubensgrundsätze als sephardischer Jude, seine Arbeit mit Prostituierten und Flüchtlingen und vieles mehr. Morenos Methode galt als die erste Gruppenpsychotherapiemethode für Erwachsene. Er wanderte 1925 von Wien in die USA aus und gründete 1936 in Beacon im Staat New York ein psychiatrisches Sanatorium. Er war bis zu seinem Tode als Psychodramatiker tätig und in unzähligen Forschungsreisen, Vorträgen, Publikationen machte er und seine vierte Frau Zerka Moreno das Psychodrama weltweit bekannt. Jakob Levy Moreno wird seiner Nachwelt als derjenige in Erinnerung bleiben, der das Lachen in die Therapie gebracht hat. Es lohnt sich auf alle Fälle, mehr über diesen großartigen Menschen, der nebenbei auch Poet, Philosoph, Menschenfreund war, zu erfahren.

5.2 Aichinger/Holl und das analytische Kinderpsychodrama

Walter Holl und *Alfons Aichinger* sind deutsche Psychotherapeuten. Seit Ende der 1980er Jahre haben sie am Moreno Institut in Stuttgart und Ulm die Grundideen und Interventionsmöglichkeiten des Psychodramas von Moreno speziell für die therapeutische Gruppen- und Einzelarbeit mit Kindern und Jugendlichen weiterentwickelt. Damit etablierten sie das analytische Kinderpsychodrama in Deutschland und über die Grenzen hinaus als wirksame Kindertherapiemethode (Aichinger/Holl, 1997).

Das *Kinderpsychodrama* unterscheidet sich grundlegend vom Erwachsenenpsychodrama. Das Kommunikationsmedium der Kinder ist das Spiel, wo sie sich lustvoll ausdrücken und ihre innere Wirklichkeit inszenieren. Kinder wollen nicht wie Erwachsene ein leidvolles Erlebnis im Spiel rekonstruieren. Im Gegenteil – Kinder möchten aus der starken Rolle heraus die mitspielenden Therapeuten als versorgende, schwache, ängstliche Unterdrückte etc. erleben, um dadurch ihre eigenen Erlebnisse verarbeiten zu können. Das macht Spaß und zugleich findet eine Stärkung der sozialen und emotionalen Fähigkeiten statt. Im analytischen Kinderpsychodrama, wie ich es selbst praktiziere, spielen die Leiterinnen aktiv in einer Rolle mit. Im Gegensatz dazu bleiben im humanistischen Kinderpsychodrama die Therapeutinnen in der Beobachtungsrolle. Beide Methoden haben ihre Berechtigung. Im Rahmen des vorliegenden Buches gehe ich auf die analytische Sichtweise näher ein.

5.3 Weiss und das pädagogische Rollenspiel

Gabriele Weiss habe ich im Rahmen meiner ersten Psychodramaweiterbildung in Freiburg kennengelernt. Sie ist ausgebildete Erzieherin, Sozialpädagogin, Sonder- und Heilpädagogin, Kunsttherapeutin und langjährige Dozentin an der Fachhochschule in Freiburg. Sie hat bei Alfons Aichinger und Walter Holl die Fortbildung im Kinderpsychodrama absolviert. Gabriele Weiss hat sich in ihrer 40-jährigen Berufserfahrung speziell mit dem pädagogischen Rollenspiel auseinandergesetzt und viele Rollenspielgruppen und Fortbildungen zu diesem Thema geleitet. Ebenso hat sie lehrreiche Bücher zum Rollenspiel speziell für Pädagoginnen publiziert, nähere Infos dazu entnehmt ihr der Literaturliste (Weiss, 2010).

Wenn ich nachfolgend über das Rollenspiel oder das Kinderpsychodrama schreibe, verwende ich die beiden Begriffe synonym, und ich beziehe mich ausschließlich auf das pädagogische Kinderpsychodrama oder Rollenspiel.

5.4 Unterscheidung therapeutisches und pädagogisches Rollenspiel

Um Missverständnissen vorzubeugen, soll an dieser Stelle der Unterschied zwischen dem therapeutischen und dem pädagogischen Rollenspiel hervorgehoben werden. Das therapeutische Rollenspiel ist ausschließlich Psychotherapeuten vorbehalten. Es handelt sich bei der Psychotherapie um eine Behandlungsform von psychischen Erkrankungen. Im Gegensatz dazu stehen im pädagogischen Rollenspiel die Förderung der Stärken der Gesamtpersönlichkeit im Vordergrund sowie die Auflösung der Defizite. Diese Defizite oder Anpassungsleitungen haben sich noch nicht als krankheitswertiges Symptom manifestiert. Im Rahmen dieses Buches wird ausschließlich in die pädagogische Rollenspielmethode an Schulen eingeführt. Ich werde die verschiedenen Begrifflichkeiten wie pädagogisches Rollenspiel, Kinderpsychodrama oder Spiel abwechselnd synonym verwenden, gemeint ist damit aber in diesem Rahmen dasselbe. Das pädagogische Rollenspiel setzt bei der Prävention an. Es können bereits Auffälligkeiten in Bezug auf das soziale und emotionale Verhalten bestehen, sie nehmen jedoch noch nicht das Ausmaß einer psychischen Erkrankung ein. Ich vertraue dabei der fachlichen Kompetenz der Pädagogin, das Defizit vom Symptom zu unterscheiden, im Zweifelsfall muss eine Psychotherapeutin hinzugezogen werden. Das pädagogische Rollenspiel bezieht sich hier auf die Altersgruppe der 6–14-Jährigen.

5.5 Rollentheorie, sozial-emotionale Kompetenzen, Selbstwirksamkeit

Der Hauptteil in der Schulprojektarbeit stellt das Spiel dar, wo alle Schüler*innen ihre selbst gewählten Rollen einnehmen. Was durch die Rolleneinnahme erfahren und gelernt wird und wie dies mit den sozial-emotionalen Fähigkeiten und der Selbstwirksamkeit in Zusammenhang gebracht werden kann, möchte ich durch die Vorstellung von Morenos Rollentheorie verdeutlichen. Moreno war überzeugt davon, dass wir als Menschen während unseres gesamten Lebens unterschiedliche Rollen einnehmen. Diese unbewusst eingelernten Rollen bestimmen wesentlich, unbewusst oder bewusst, unser Verhalten in jedem Moment mit. Bei Pflichtschulkindern im Alter zwischen 6–14 laufen diese Rolleneinnahmen größtenteils unbewusst ab. Jede Rolle hat in Morenos Verständnis zwei Seiten, eine persönliche und eine kollektive/soziale Seite.

5.5 Rollentheorie, sozial-emotionale Kompetenzen, Selbstwirksamkeit

Rollentheorie

Moreno hat die Rollentheorie im Psychodrama etabliert (Moreno, 1974) und die Psychodramatikerin Karoline Hochreiter (Hochreiter, 2004) hat seine Theorie wie folgt zusammengefasst:

- *Die Rolle ist interaktiv...* Ab der Geburt tritt der Mensch in Austauschprozesse mit anderen Menschen – gemeinsame Interaktionen bedingen und beeinflussen sich gegenseitig sprachlich oder non verbal.
Beispiel: *Das 5 Monate alte Baby lächelt die Mutter an, diese lächelt zurück und kommentiert das Lächeln des Babys verbal.*
- *Die Rolle ist kontext- und situationsabhängig...* Jede Rolle entsteht immer in einem bestimmten Kontext und aus der Situation heraus.
Beispiel: *Ein Schulkind verhält sich in der Schule dem Lehrer gegenüber anders als zuhause seinem Vater gegenüber.*
- *Das Handeln aus der Rolle heraus ist eine interpersonale Erfahrung...* Um eine Rolle einzunehmen, braucht es mindestens eine oder mehrere Personen als Gegenüber.
Beispiel: *Als 6-jährige Fabienne habe ich unterschiedliche Rollen in der Begegnung mit anderen – bei meinen Eltern bin ich die Tochter, bei der Oma die Enkelin, in der Schule dieSchülerin, etc.*
- *Die Rolle wird individuell und gesellschaftlich gestaltet...* Jede Rolle enthält einen persönlichen Anteil verbunden mit einem gesellschaftlichen, kulturspezifischen Anteil. Somit besteht die Rolle aus zwei Ebenen:
  – *der Beziehungsebene:* als Menschen lernen und entwickeln wir die sozialen und emotionalen Fähigkeiten aus unseren verschiedenen Rollen heraus, die immer ein Gegenüber brauchen;
  – *der individuellen Ebene:* jeder Mensch verfügt über interne Rollen wie die der körperlichen, psychischen, sozialen, emotionalen, transzendenten Rolle. All diese Rollen werden in unterschiedlichen Entwicklungsphasen laut Moreno ausgebildet und zu einem festen Rollencluster der Persönlichkeit.
Beispiel: *Als 7-jähriger Junge weiß ich schon ganz genau, was sich wo*

gehört und dennoch brauche ich viel Bewegungsspielraum. Ich spüre sehr viel Kraft in mir und möchte diese auch zum Ausdruck bringen.
- Das Rollenhandeln ist ganzheitlich... Die Rolle schließt immer die körperliche, psychische, soziale und die transzendente Ebene mit ein.

Beispiel: *Als 10-jährige Schülerin Sandra bin ich die schlanke, ruhige, liebe und an Gott glaubende Sandra.*
- Die Rollenentwicklung ist ein lebenslanger Prozess... Eine Rolle hat eine eigene Dynamik und eine eigene Lebenszeit – einen Anfang, eine Reife und ein Vergehen. Rollen haben bestimmte Funktionen, begleiten uns einen gewissen Zeitraum und wenn sie verblassen, bleiben sie im Inneren eines Individuums bestehen. Neue Rollen bauen auf alten Rollen auf. Rollen können aber auch aktiv im Sinne eines »Rollentrainings« eingeübt werden. Rollen befinden sich, wie wir als Menschen, im ständigen Wandel.

Beispiel: *Als 25-jährige Sekretärin bei einem Notar habe ich meine Rolle der strebsamen HAK-Schülerin zurückgelassen, sie hat mich aber sehr geprägt und sie wird bei Bedarf wieder lebendig.*

Durch die Rolle kann immer nur ein Ausschnitt der Gesamtheit erfahren werden. Somit hat jede eingenommene Rolle ihre Möglichkeiten, ihre Grenzen und erfordert unterschiedliche soziale und emotionale Fähigkeiten. Mit der Anwendung verschiedener Rollen wächst das *Rollenrepertoire* (= viele unterschiedliche Rollen) und die *Rollenflexibilität* (= beweglich, die Rollen wechseln). Im Alltag trainieren und üben wir laufend durch unsere vielen Rollen die damit verbundenen sozialen und emotionalen Kompetenzen ein (= *Rollentraining*) (Stadler, Kern, 2010).

Sozial-emotionale Kompetenzen und Selbstwirksamkeit

Der Soziologe Jens Asendorpf definiert *soziale Kompetenz* als »die Gesamtheit der persönlichen Fähigkeiten und Einstellungen, die dazu beitragen, das eigene Verhalten von einer individuellen auf eine

5.5 Rollentheorie, sozial-emotionale Kompetenzen, Selbstwirksamkeit

gemeinschaftliche Handlungsorientierung hin auszurichten« (Asendorpf, 2004). Sozial kompetentes Verhalten verbindet die individuellen Handlungsziele mit den Einstellungen und Werten einer Gruppe. Dabei handelt es sich einerseits um die Konfliktfähigkeit und andererseits um die Kooperationsbereitschaft. Sozial kompetente Menschen verfügen über die Fähigkeit, diese zwei eher gegensätzlichen Verhaltensweisen situativ so einzusetzen, dass sowohl die eigenen Bedürfnisse verwirklicht werden, als auch die Bedürfnisse der anderen nicht zu kurz kommen.

Soziale Kompetenzen entwickeln sich laut Pfeffer auf der Basis von *emotionalen Kompetenzen*. Sie sind eng mit diesen verknüpft und beeinflussen wesentlich die Qualität unserer Beziehungen (Pfeffer, 2010). Es handelt sich dabei um Kompetenzen wie Hilfsbereitschaft, Mitgefühl, sich in andere hineinversetzen zu können, die sogenannte Empathie-Fähigkeit, respektvoll mit anderen umzugehen, Konflikte gut zu lösen uvm. Der achtsame Umgang mit eigenen Gefühlen und Bedürfnissen, aber auch mit Emotionen und Befindlichkeiten anderer Menschen sind die Grundlage für das Leben in sozialen Systemen wie beispielsweise der Schule.

Die *Selbstwirksamkeit* ist nach Ansicht des Psychologen Martin Seligmann das Wissen und die Kompetenz, sich selbst zu vertrauen und daran zu glauben, schwierige Situationen positiv zu bewältigen (Seligmann, 2015). Das Gegenteil davon ist die erlernte Hilflosigkeit. Die Selbstwirksamkeit ist Teil der sozial-emotionalen Fähigkeiten. Sie steuern sich gegenseitig und beeinflussen sich bewusst oder unbewusst.

In der folgenden Grafik versuche ich, die angeführten Kompetenzen und die Selbstwirksamkeit zur besseren Vorstellung in ein Bild zu bringen.

Die beschriebenen Kompetenzen – man könnte sie auch »Basisfähigkeiten fürs Leben« nennen – werden bereits unbewusst als Säugling entwickelt. Die Bezugsperson lebt die emotionale und soziale Zuwendung vor und übt sie mit dem Säugling in einem gemeinsamen Abstimmungsprozess täglich ein. Ein Kind, das mit der frühen Bezugsperson in einem guten und sicheren Kontakt war, erlebt auch die

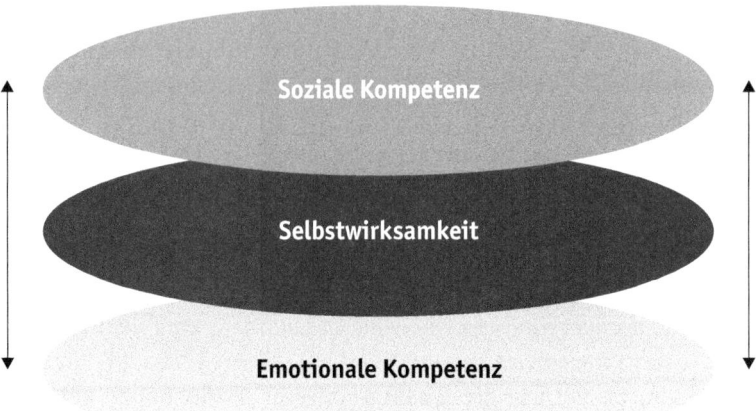

Abb. 1: Sozial-emotionale Kompetenzen, Selbstwirksamkeit (eigene Darstellung)

Welt als einen wohlwollenden und sicheren Ort. Es kann neugierig die angebotenen Möglichkeiten entdecken und erforschen. Anders gestaltet es sich bei einem Kind, das von klein auf nicht adäquat gesehen und emotional genährt wurde. Es erfährt die Welt als unsicher, sogar bedrohlich und zieht sich immer mehr von ihr zurück, entgegen seinem ureigensten Grundbedürfnis nach Nähe und Sicherheit.

5.6 Beziehung ist Leben

Der wesentlichste Indikator für ein glückliches Leben sind erfüllte Beziehungen, sowohl mit uns selbst als auch mit anderen Menschen. Kinder lernen ihr Beziehungsverhalten so zu gestalten, dass sie möglichst viel emotionale Zuwendung von ihren Bezugspersonen erfahren. Der Kinderpsychiater John Bowlby, der mit seinem Forschungsteam die Bindungstheorie begründete (Bowlby, 1958), und die Psychologin Mary Ainsworth setzten sich mit diesem großen The-

5.6 Beziehung ist Leben

menkomplex auseinander. Ainsworth entwickelte in den 1960er Jahren mit dem »Fremde-Situations-Test« basierend auf Bowlbys Bindungstheorie ein Inventar, mit dem die Bindung von Säuglingen zu ihren Müttern untersucht werden konnte (Dornes, 1997). Dabei stellte sie fest, dass das Bindungsbedürfnis auf einem angeborenen Reflex des Säuglings beruht, sich an die Bezugsperson zu binden und bei Gefahr Schutz bei ihr zu suchen. Sie erkannte große Unterschiede in der emotionalen Interaktion des Säuglings zur Mutter, die sie in vier Bindungskategorien einordnete:

1. *Die sichere Bindung:* sie entsteht, wenn sich Eltern ihrem Kind gegenüber als verlässlich, einschätzbar und emotional zugewandt zeigen und dies immer wieder in ihrem Verhalten zum Ausdruck bringen unter Berücksichtigung gesunder Grenzen.
2. *Die unsicher-vermeidende Bindung:* ein Kind mit diesem Bindungsstil hat gelernt, dass die Bezugspersonen emotional abgewandt und unerreichbar sind. Sie können dem Kind nicht die adäquate Sicherheit geben, die es braucht. Ein unsicher-vermeidendes Kind steht permanent unter einem gewissen Stresslevel und legt sich eine Scheinautonomie zu, als ob es niemanden brauchen würde. In Wahrheit zieht es sich in sich selbst zurück und erlebt die Welt als unsicher und/oder bedrohlich.
3. *Die unsicher-ambivalente Bindung:* sie unterscheidet sich von der unsicher-vermeidenden Bindung insofern, dass die Zuwendung der Bezugspersonen gegenüber dem Kind nicht konstant ist und ohne ersichtlichen Grund zwischen Zu- und Abwendung hin und her wechselt. Somit lernt das Kind, sich hauptsächlich auf die Launen der Bezugspersonen einzustimmen auf Kosten seines eigenen Explorationsverhaltens. Ein Kind mit diesem Bindungssystem ist ebenso permanent zum eigenen Schutz ständig in »Hab-Acht-Stellung.«
4. *Die desorganisierte Bindung:* dieser Bindungsstil wurde erst später entdeckt und beschreibt eine kindliche Bindung, die durch eine traumatische Erfahrung geprägt ist. Einerseits sucht das Kind Schutz bei den Bezugspersonen, andererseits muss es vor ihnen

emotional flüchten. Dieser Widerspruch überfordert das Kind. Sein Stresslevel ist unentwegt erhöht und schafft einen unlösbaren inneren Konflikt. Es erlebt, dass es keinen sicheren Ort gibt und muss bestimmte Emotionen abspalten, um psychisch überleben zu können.

Eine detailliertere Auseinandersetzung mit der Bindungstheorie von Bowlby und dem »Fremde-Situationstest« von Ainsworth wird an dieser Stelle empfohlen (Grossmann, 2011).
Stellvertretend für die vier Bindungsstile lernen wir unter Punkt »Die Protagonist*innen der Klasse« unterschiedliche Kinder und deren Beziehungsverhalten aus der Schulpraxis kennen. Die Kinderbeispiele sollen ein theoretisches Verständnis für das kindliche Beziehungsverhalten schaffen. Jeder Pädagogin kann dadurch bewusst werden, dass Kinder aufgrund des erlernten Bindungsstiles nicht anders agieren und reagieren können, als sie es tun. Die gute Nachricht ist, dass durch das Rollenspiel und eine liebevolle, sichere Pädagogen-Schüler*innen-Beziehung ein neues Bindungsverhalten beim Kind im Sinne der Selbstwirksamkeit erlernt, aufgebaut und eingeübt werden kann.
Die pädagogische Rollenspielmethode macht wiederholt die Kraft der Selbstwirksamkeit erfahrbar. Die Kinder werden in ihrer Spielrolle in einem sicheren und klar festgelegten Rahmen dazu motiviert, ihre emotionalen und sozialen Kompetenzen implizit weiterzuentwickeln, ohne es explizit verbalisieren zu müssen. Die Wirkung des Spiels zeigt sich unmittelbar durch die Erfahrung in der Spielrolle. Jede eingenommene Rolle weist, wie bereits im Abschnitt zur Rollentheorie erwähnt, sowohl eine individuelle als auch eine gemeinschaftliche Komponente auf. So kann zum Beispiel im Spiel ein gemeinsames Ziel erreicht werden, wie *das Forscherteam besteigt den Mount Everest,* und trotzdem die eigene Komponente dabei nicht zu kurz kommen wie bei *Lukas, der Wetterforscher vom Expeditionsteam, der aufgrund seines fundierten Wissens den Lawinenabgang voraussieht und somit die gesamte Gruppe vor dem Tode bewahrt.*

Die Kooperation im Spiel lässt Kinder erfahren, in der Gemeinschaft noch größer und stärker zu sein als alleine. Die Intensität des kindlichen Rollenerlebens und die Integration des sozialen und emotionalen Lernens entstehen durch die gemeinsame Spielerfahrung (Aichinger, 2012).

6 Rollenspiel »meets« Schule

Es kann gar nicht oft genug betont werden, dass Rollenspiele viele Gelegenheiten bieten, die sozial-emotionalen Kompetenzen und die Selbstwirksamkeit der Schulkinder zu fördern, um dadurch positive Lernprozesse in Gang zu setzen. In den Schulprojekteinheiten werden gemeinsam in der Spielrolle Aufgaben gelöst, es findet ein Austausch mit anderen Mitschüler*innen statt, eigene Emotionen kommen bewusst oder unbewusst zum Ausdruck und werden verbal oder nonverbal mitgeteilt. Dadurch entstehen Beziehungen zu den Mitspielenden, man unterstützt sich gegenseitig oder fordert Hilfe an. Jeder Schüler kann in seiner Rolle ein hohes Maß an Selbstbestimmung und Kontrollfähigkeit erfahren, indem er selbst entscheidet, wie er was, wann zum Ausdruck bringt. Einerseits sind beide Faktoren wesentlich für die Aneignung und Ausdifferenzierung der sozial-emotionalen Fähigkeiten, und andererseits ist das Gefühl der Kontrolle und Selbstbestimmung eng mit der psychischen Gesundheit verbunden (Aichinger/Holl, 2002). Laut Moreno entsteht dadurch die bedeutsamste Wirkung des Spiels – das Kind gewinnt seinem eigenen Leben gegenüber die Perspektive des schöpferisch Tätigen (Moreno, 1974). Der Spielende findet Zugang zur eigenen Kreativität und Spontanität, entdeckt neue Lösungen und erweitert somit sein Rollenrepertoire. Außerdem ermöglicht die Spielrolle in der »Als-ob-Realität« über die Alltagswirklichkeit hinaus zu gehen und Rollen auszuprobieren, die sich aus dem bisherigen Leben noch nicht ergeben haben.

Schule kann durch die Rollenspielprojekte zur Ressource werden, indem sie den Kindern hilft, psychische Entwicklungsaufgaben positiv zu bewältigen. Was sagt der Grundschullehrplan dazu und ab welchem Alter beginnt die Schulpflicht und Schulbereitschaft?

6.1 Schulpflicht/Schulbereitschaft

Grundsätzlich wird zwischen Schulpflicht und Schulbereitschaft unterschieden. Die allgemeine Schulpflicht beginnt in Österreich mit der Vollendung des sechsten Lebensjahres bis zum 31. August des jeweiligen Kalenderjahres, in Deutschland und der Schweiz obliegt die Schulpflicht dem jeweiligen Bundesland oder Kanton und ist in etwa auch um das 6. oder 7. Lebensjahr angesiedelt. Jährlich starten in Österreich um die 88.800 Kinder mit der Grundschule, das sind laut Statistik Austria im Durchschnitt 88 % aller schulpflichtigen Kinder (https://www.statistik.at). Die restlichen 12 Prozent können die Schulbereitschaft nicht erfüllen und kommen entweder in die Vorschule, die Sonderschule oder besuchen ein drittes Kindergartenjahr.

Die österreichische Verordnung des Schulpflichtgesetzes von 1985 sieht vor, dass die Schulbereitschaft gegeben ist, wenn das Kind dem Unterricht der ersten Schulstufe zu folgen vermag, ohne körperlich oder geistig überfordert zu werden (https://www.ris.bka.gv.at/GeltendeFassung.wxe?Abfrage=Bundesnormen&Gesetzesnummer=20010441).

Die Schulbereitschaft setzt laut Verordnung folgende Grunddispositionen voraus:

- Kognitive Reife und Grunddispositionen zum Erlernen der Kulturtechniken § 2.
  Die kognitive Reife und Grunddispositionen zum Erlernen der Kulturtechniken Lesen, Schreiben und Rechnen sind ausreichend entwickelt, wenn das Kind über phonologische Bewusstheit verfügt, rasch und sicher vertraute Objekte benennen kann, über ein mengenbezogenes Vorwissen verfügt, über ein zahlenbezogenes Vorwissen verfügt sowie ein altersgemäßes Aufmerksamkeits- und Konzentrationsverhalten zeigt.

- Sprachliche Kompetenz § 3.
  Für die Überprüfung der sprachlichen Kompetenz sind ein altersgemäßes Sprachverständnis sowie eine altersgemäße sprachliche Ausdrucksfähigkeit zu berücksichtigen.
- Körperliche Reife § 4.
  Für die Überprüfung der körperlichen Reife sind allgemeine körperliche Fähigkeiten zur Erfüllung schulischer Aufgaben sowie die dafür maßgebliche grob- und feinmotorische Geschicklichkeit zu berücksichtigen.
- Sozial-emotionale Reife § 5.
  Eine ausreichende sozial-emotionale Reife liegt vor, wenn das Kind insbesondere über die für die erfolgreiche Teilnahme am Unterricht der ersten Schulstufe erforderlichen soziakommunikativen Kompetenzen sowie personalen Kompetenzen verfügt.

Als schulbereit gilt ein Kind, wenn es den Schulreifetest, der die fünf oben angeführten Punkte enthält, positiv besteht. Trotzdem wissen alle im Bildungssystem Tätigen, wie schwierig es ist, eine sozialemotionale Schulbereitschaft des Kindes zu eruieren. Nun kann man sich fragen, warum der Gesetzgeber die »Sozial-emotionale Reife« an letzter Stelle anführt. Kommt damit eine bestimmte Wertigkeit zum Ausdruck? Weisen die kognitiven Fähigkeiten eine höhere Wertigkeit als die sozial-emotionalen Kompetenzen auf? Waren die einzuschulenden Kinder im Jahr 1985, als die Verordnung verabschiedet wurde, noch anders als die Kinder im Jahr 2024? Unabhängig wie man als Pädagogin zu diesen Fragen steht, braucht es in einem zeitgemäßen Bildungssystem definitiv methodische Ansätze, die die sozial-emotionalen Fähigkeiten der Schüler*innen neben den didaktisch-kognitiven in den Mittelpunkt rücken. Dafür eignet sich das pädagogische Rollenspiel hervorragend.

6.2 Morenos pädagogische Vorstellungen und VS-Lehrplan

Springer (1995) hat in seinem Buch »Über die Grundlagen der Psychodramapädagogik« Morenos frühe pädagogische Vorstellungen (von 1946) aufgelistet und zusammengefasst. Da seine Vorstellungen über eine handlungsorientierte Pädagogik im schulischen Diskurs aktueller denn je sind und bezogen auf die Schulprojekte viele bedeutsame Punkte enthalten, möchte ich diese im nächsten Schritt vorstellen. Morenos Überlegungen, wie Lernstoffvermittlung an Schulen stattfinden sollte, lauten nach Springer wie folgt:

- Die *Auseinandersetzung* mit dem *Lebendigen* (z. B. Menschen, Tieren)
- Alle verwendeten Methoden müssen die *Kreativität* und *Spontanität* der Kinder anregen.
- Die Lehrerin sollte sich an den *Bedürfnissen* und *Fähigkeiten* der Kinder orientieren.
- *Ganzheitliches Lernen* ist wesentlich (mit Körper, Geist und Psyche).
- Alle Lerninhalte müssen *erfahrbar* gemacht werden (z. B. Biologie – Bäume).
- Handlungen sollten Vorrang gegenüber dem Reden haben.

Sehr viele Pflichtschullehrer arbeiten mit Morenos damals skizzierten Grundsätzen einer ganzheitlichen und handlungsorientierten Pädagogik (Von Ameln/Kramer, 2014). Im österreichischen *Volksschullehrplan* steht unter dem Punkt »allgemeines Bildungsziel« nachzulesen, dass Kindern eine grundlegende und ausgewogene Bildung im sozialen, emotionalen, intellektuellen und körperlichen Persönlichkeitsbereich ermöglicht werden muss (https://www.bmbwf.gv.at/Themen/schule/schulpraxis/lp/lp_vs.html#heading_Allgemeines_Bildungsziel). Ausgehend von den individuellen Voraussetzungen der einzelnen Schüler*innen, hat die Grundschule daher folgende Aufgaben zu erfüllen:

- Entfaltung und Förderung der Lernfreude, der Fähigkeiten, Interessen und Neigungen;
- Stärkung und Entwicklung des Vertrauens der Schüler*innen in die eigene Leistungsfähigkeit;
- Erweiterung bzw. Aufbau einer sozialen Handlungsfähigkeit (mündiges Verhalten, Zusammenarbeit, Einordnung, Entwicklung und Anerkennung von Regeln und Normen; Kritikfähigkeit...

Auch das bekannte Psychologen-Mediatoren Team Thomas Grüner und Franz Hilt (2019), die Mobbingtrainings für Schulklassen entwickelten, fassen in ihren wissenschaftlichen Untersuchungsergebnissen ihre wichtigsten Erkenntnisse zusammen:

- Ressourcenorientierte Konzepte sind besser geeignet als Risikofaktorenkonzepte, die problematische Bereiche in den Blickwinkel nehmen.
- Die Förderung der Lebenskompetenzen, der psycho-sozialen Kompetenzen, ist eine nachhaltig wirksame Methode.
- Die Gestaltung des Peergruppeneinflusses hat eine hohe Bedeutung für Interventions- und Präventionsmaßnahmen.

Pädagogische Rollenspiele an Schulen als ressourcenorientiertes Konzept fördern nicht nur die vom Gesetzgeber angeführten fünf Grunddispositionen der Kinder, sondern auch die emotional-sozialen Fähigkeiten. Sie werden in der Klassengemeinschaft spielerisch eingeübt. Die Freude und Motivation der Kinder am Rollenspiel besitzt einen hohen Lern-Wert, der im Rahmen des sozialen Unterrichts vom Gesetzgeber sogar erwünscht ist! Diese Argumente können als Verhandlungsbasis zur Etablierung einer Rollenspielexpertin an der Schule dienen.

In der Spielrolle erfährt sich das Kind in seiner Ganzheit, mit seinem Körper, seinem Geist und seiner Psyche. Der Vorteil dabei ist, dass die Spielrolle dem Kind einen gewissen Schutz bietet, weil es aus seiner Perspektive nichts von sich zeigen muss.

Beispiel: *Im Spiel verkörpert die schüchterne Nicole die mächtige, mutige Königin und gleichzeitig kann sie nur aus sich selbst und ihren Erfahrungen heraus die Rolle einnehmen.*

Durch die Schutzfunktion der starken Rolle kann der Schüler seine eigene Wirklichkeit im Sinne einer Neuorientierung erleben. Er darf im Hier und Jetzt gerade so fühlen und ausdrücken, wie es ihm entspricht. Dabei gibt es kein richtig oder falsch. Im Spiel ist ganz viel möglich, außer es wird gegen die Spielregeln verstoßen. Dennoch werden im pädagogischen Rollenspiel die entscheidenden Elemente aus der biographischen Situation des Kindes in der gewählten Rolle und im Rollenverhalten sichtbar. Es wäre aber ein großer Fehler, als Spielleitung die Rolle des Kindes zu deuten oder zu interpretieren. Die Spielerfahrung obliegt alleine dem Kind und darf weder bewertet noch beurteilt werden! Die Leitung darf lediglich im Spiel Interventionen setzen, die dem Wohle des Kindes in seiner Rolle dienen. Auf diese Art und Weise kann sich durch regelmäßige Spielerfahrungen das Ausmaß einer negativen Realität verringern und einer gesunden Alltagswirklichkeit annähern. Somit wird das Kind aktiv im Spiel zum Schöpfer seiner Welt. Spielen macht unheimlich viel Spaß und diese Spielbegeisterung wirkt wie ein Lernbooster!

Mittlerweile wird dieses Wissen unter anderem auch von der Neurobiologie untermauert. Gerald Hüther und Christian Quarch zeigen in ihrem Buch »Rettet das Spiel« (2016) auf, wie durch positive Spielerfahrungen Glückshormone ausgeschüttet und neue Netzwerke im Gehirn quasi wie neue Verbindungsstraßen geschaffen werden. Eine nähere Auseinandersetzung damit lohnt sich.

6.3 Kreativität und Spontanität

Zu Morenos Zeiten gab es noch keine solchen Messinstrumente wie heute in der Neurobiologie. Dennoch erkannte er in der *Kreativität* und der *Spontanität* ein wesentliches »Zwillingspaar«, das bei jedem Spiel mitwirkt. Kreativität stammt aus dem lateinischen Wort »creare« und heißt etwas schaffen, erzeugen, gebären. Im Kinderpsychodrama wird die Kreativität als jene Kraft verstanden, neue Lösungen hervorzubringen. Aber es braucht laut Moreno auch den zweiten »Zwilling« – die Spontanität (lat. spontaneus – eigener Wille, Antrieb). *Spontanität* im Sinne des Psychodramas wird als jene Fähigkeit verstanden, die neue, kreative Lösung umzusetzen, sie in die Welt hinauszutragen. Beide Qualitäten bedingen einander und sind für die Problem- und Konfliktlösung entscheidend (Heidegger, 2011).

> Beispiel: *Simon will im Spiel die Rolle des großen, mächtigen, männlichen Löwen einnehmen. Um sich wirklich als Löwe zu erleben, braucht er eine Löwenverkleidung. Er steht vor der Frage, wie er ein guter Löwe sein kann? Kreativität: aus einem braunen Stoff könnte er sich als Löwe verkleiden und mit einem schwarzen Seil einen Schwanz kreieren. Spontanität: er holt sich den Stoff und das Seil aus dem Regal heraus und gestaltet sich damit ein Löwenkostüm.*

Zur Lösung seiner Frage benötigt der Schüler wie im Beispiel beide Qualitäten, die Kreativität und die Spontaneität. Im Spiel nutzen die Kinder ganz selbstverständlich beide zur Ausbildung von neuen, lebensbejahenderen Rollen. Sie werden immer wieder aufs Neue eingeübt und durch die Spielerfahrung in den Alltag transferiert.

Das pädagogische Rollenspiel wird im Einzelsetting, im Gruppensetting, im Familiensetting oder im Schulsetting angeboten. Im Rahmen dieses Buches wird ausschließlich auf das pädagogische Kinderpsychodrama mit Schulklassen näher eingegangen.

6.4 Die Rahmenbedingungen und Materialien

Die Rahmenbedingungen

Den Rahmen für jede einzelne Projekteinheit bildet eine vorgegebene Struktur. Diese bietet den Kindern Sicherheit und Klarheit, den roten Projektfaden sozusagen, innerhalb dessen sie sich bewegen und ausdrücken können. Das Psychodrama mit Schulklassen stellt eine Sonderform dar, da der Hauptfokus des Projekts auf dem Hier und Jetzt der Klassengemeinschaft und ihrer Gruppendynamik liegt und nicht wie im Gruppen- oder Einzelsetting beim jeweiligen Kind. Bei bestimmten Klassenkonstellationen macht es Sinn, gewissen Schüler*innen (max. 4) spezielle Beachtung zu schenken und ihnen eine besondere Rolle zu geben (Schlüsselrollen), mehr dazu später.

Ein Schulprojekt umfasst in der Regel 5 Einheiten, eine Einheit pro Woche, eine Projekteinheit beträgt 2 Schulstunden (100 Minuten). Lassen es die Ressourcen der Pädagoginnen zu, ist es wünschenswert, ein solches Projekt auch über einen längeren Zeitraum anzubieten. 10 Einheiten, ein ganzes Semester oder das gesamte Schuljahr ist erstrebenswert, denn je länger die Projektdauer, umso nachhaltiger ist natürlich die Wirkung! Noch dazu ist es durch den VS-Lehrplan legitimierbar und begründbar.

Als Raum für das Schulprojekt eignet sich am besten das Klassenzimmer. Es stellt eine vertraute, sichere Umgebung für die Schüler*innen dar und ist der Ort, wo sie sich die meiste Zeit aufhalten – ihre »Schulheimat«. Das Projekt wird von zwei Spielleiterinnen koordiniert und umgesetzt. Die Klassenlehrerin ist im Idealfall nicht bei der Projektleitung mit dabei. Allerdings sollte sie bei den Projekteinheiten, den Nachbesprechungen und dem Abschlussabend mit dabei sein. Vor allem bei größeren Klassen ist es wünschenswert, dass neben der Projektleitung mindestens noch eine Erwachsene Person mitspielt.

Die Materialien

Für ein Schulprojekt braucht es einfache Materialien, die die Spontanität und die Kreativität der Kinder fördern. Moreno nannte diese Materialien *Intermediärobjekte*. Mit diesem Begriff sind Gegenstände gemeint, die innere Prozesse anregen und nach außen auf die Spielbühne gebracht und verändert werden können (Biegler-Vitek/ Wicher, 2014). Wenn die Schule das pädagogische Rollenspiel als Unterrichtsmethode integrieren möchte, lohnt es sich, die Materialien einmalig anzuschaffen, die Kosten dafür sind überschaubar. Es braucht verschiedenfarbige Stoffe in unterschiedlichen Größen zum Verkleiden und zur Gestaltung der Spielkulisse. Das Verhältnis zwischen den kleinen Stoffen zum Verkleiden und den großen Stoffen wie z. b. in Form einer Leintuchgröße sollte in etwa 50:50 liegen.

Wesentlich sind einfarbige Stoffe in den Grundfarben gelb, orange, rot, violett, grün, blau, weiß, braun und schwarz. Bunte, blumige Stoffe oder Stoffe mit Mustern sind ebenso im Repertoire erwünscht wie ein paar ganz spezielle Stoffe z. b. Fellstoffe (Tierfellimitate), Glitzerstoffe (bei allen Kindern sehr beliebt) und Netzstoffe. Für die Grundausstattung werden in etwa 70 Stoffe benötigt. Aus meiner Erfahrung müssen nicht alle Stoffe neu gekauft werden, es kann zum Beispiel in der Schule eine Stoffsammelaktion gestartet werden. Eltern sind in der Regel offen dafür, alte Gardinen, Leintücher, Hüte, Taschen, Schals etc. der Schule für solche Zwecke zu spenden. Alte Kleidungsstücke werden bewusst nicht zum Spielen verwendet, weil sie bereits vorgegebene Formen aufweisen. Hüte und Taschen gehören ebenso zu den Basics dazu wie Wäscheklammern (mindestens 90 Stück), Baufix (Holzspielzeug, ähnlich wie Matador), Seile (2 m Länge mindestens 30 Stück, 5–6 10 m lange Seile) und Schwimmschlangen (ca. 30 Stück – aus einer Schwimmschlange werden 2 gemacht, indem sie in der Mitte geteilt wird). Das Mobiliar der Klasse wie Stühle und Tische werden selbstverständlich für den Kulissenaufbau mitverwendet.

Die Intermediärobjekte fürs Rollenspiel können in großen Taschen (z. B. von Ikea) verwahrt und transportiert werden. Vor Beginn der

Projekteinheit ist es wichtig, alle Schulsachen in die Schultasche zu räumen und diese, wenn möglich, vor der Klasse zu deponieren.

6.5 Projektziele

Vor dem Projektbeginn werden die Projektziele festgelegt. Das Leitungsteam überlegt sich, welche Ziele durch das Projekt erreicht werden sollen. Anbei stelle ich euch einen Zielkatalog zur Verfügung, der keinen Anspruch auf Vollständigkeit erhebt. Die allgemeinen Ziele und die Feinziele können für euer Projekt ausgewählt bzw. durch die eigenen Zielvorstellungen erweitert und/oder ergänzt werden.

Mögliche *allgemeine* Projektziele sind:

- Die Potentiale der Kreativität und der Spontanität durch die Spiele in den Schüler*innen wecken.
- Die sozialen und emotionalen Kompetenzen der Schüler*innen weiterentwickeln.
- Die Verbesserung der Beziehungen zwischen den Schülerinneninnen durch die Einnahme unterschiedlicher Rollen (Rollenflexibilität).
- Die Erweiterung des Rollenrepertoires in Bezug auf die Klassenrollen.
- Die Schaffung eines besseren Klassenklimas durch die ressourcenorientierte Methode des pädagogischen Rollenspiels.
- Die Förderung der Gruppenkohäsion (= Zusammenhalt und Bindung der Kinder an die Klasse) und dadurch eine Verbesserung der Klassengemeinschaft und die Stärkung des Wir-Gefühls zu erreichen.
- Die Verbesserung der Mobbing-Situation in der Klasse (Dynamik der Kinder untereinander) anstreben.

- Die Kooperations- und Konfliktfähigkeit durch gemeinsame Spielaktionen verbessern und Lösungen hinzufinden.
- Den Austausch der Kinder untereinander fördern, Spaß und Freude durch gemeinsame Erlebnisse im Spiel wecken.
- Die positiven Spielerfahrungen im Schulalltag integrieren.
Beispiel: *Wisst ihr noch, wie gut ihr alle zusammengehalten habt, als die feindlichen Ritter die Burg angriffen?*
- Die positiven Spielerfahrungen in anderen Unterrichtseinheiten im Sinne eines fächerübergreifenden Unterrichts verarbeiten.
Beispiel: *eine Geschichte über das beste Spiel in Deutsch schreiben, im Zeichenunterricht Bilder malen, im Sachunterricht mehr über die Ritterburgen erfahren etc.*

Mögliche *Feinziele* sind:

- Das Selbstwertgefühl von maximal vier Kindern speziell stärken mit dem Fokus auf die Klassengemeinschaft.
- Die Verbesserung der sozialen und emotionalen Fähigkeiten von maximal vier Schüler*innen durch spezielle Spielrollen.
- Die Klassenlehrerin erhält durch den Perspektivenwechsel in ihrer Spielrolle die Chance, die Schüler*innen anders zu sehen.

6.6 Ablauf einer Projekteinheit

Den Projektablauf zu den Schuleinheiten haben meine Kollegin Ruth Winkler und ich gemeinsam von Alfons Aichinger und Walter Holl kennengelernt und in unserer Projektarbeit weiterentwickelt. Zu Beginn der Projekteinheit sitzen alle Kinder, die beiden Projektleiter*innen und die Klassenlehrerin in einem Stuhlkreis. Wenn die Leitung nicht aus der Klassenlehrerin besteht, ist es sinnvoll, jedem Kind ein Namensschild bzw. einen Aufkleber mit dem Namen zu geben. So kann jeder Schüler mit Namen angesprochen werden, was sofort eine viel persönlichere Atmosphäre schafft. Jede Projekteinheit besteht immer aus denselben, fünf festgelegen, aufeinander folgenden Phasen.

1. Die Erwärmungsphase (Dauer ca. 10 Minuten)

In der Erwärmungsphase werden die Kinder, wie der Name bereits verrät, für ein bestimmtes Thema erwärmt, neugierig gemacht. Die Erwärmungsphase ist das Einstimmen auf eine Zeitreise in eine andere Welt. Eine Projektleiterin erzählt den Kindern und allen anderen Projektteilnehmerinnen im Stuhlkreis eine sogenannte »beziehungsstiftende Geschichte«. In den beziehungsstiftenden Geschichten, wie nachfolgend näher erläutert, finden meist 2–3 verschiedene Spielszenen nebeneinander statt, die im Spielverlauf durch unterschiedliche Gründe zusammengeführt werden. Eine beziehungsstiftende Geschichte beinhaltet immer gemeinschaftsstärkende Szenen und führt schließlich zu einem Happy End, zu dem alle Mitwirkenden aktiv beitragen.

2. Die Rollenverteilungsphase (Dauer ca. 30 Minuten)

Nachdem die Geschichte fertig erzählt ist, beginnt die Rollenverteilungsphase. Nun übernimmt die Co-Leiterin die Verteilung der Rollen, während die Leiterin die Rollen der Kinder dokumentiert. Sie schreibt bei jedem Kind auf, welche Rolle es einnimmt, den Rollennamen und welche Materialien für die Rolle benötigt werden. Die Fragen der Co-Leiterin an jedes Kind lauten: »Wer möchtest du sein, wie heißt du in deiner Rolle und was benötigst du dazu, um die Rolle gut auszuüben?«

> Beispiel: Jana ist an der Reihe, ihre Rolle zu definieren. Co-Leitung (C): *Wer magst du in der Bergexpeditionsgeschichte sein?* Jana (J): *Ich möchte die Forscherin sein, die sich mit den Steinen gut auskennt.* C: *Wie*

heißt du als Gesteinsforscherin? J: Ich bin die Lara. C: Was für Materialien benötigst du für die Expedition? J: Ich brauche eine Lupe und einen Eispickel.

Es gibt in der Praxis natürlich auch Kinder, die nicht so genau wie im Beispiel von Jana wissen, wie sie in ihrer Rolle heißen bzw. welche Gerätschaften sie brauchen. In dieser Situation kann die Co-Leiterin nachhelfen, indem sie Angebote schafft, z. B. *Brauchst du vielleicht ein Seil und einen Pickel?* Dadurch bekommt das Kind eine Idee, kann aber selbst entscheiden, ob es diese annimmt.

Dem Sitzkreis rechts oder links folgend darf so jedes einzelne Kind selbst die aus der Geschichte passende Rolle wählen und die anderen hören ihm dabei zu. Die Spielrollen der Kinder sollten sich voneinander unterscheiden, wird dadurch doch die Einmaligkeit des einzelnen Kindes hervorgehoben.

Beispiel: Zwei Kinder möchten einen Löwen spielen. Das ist möglich, aber es braucht Unterscheidungsmerkmale, was den Löwen A vom Löwen B unterscheidet wie Namen, Größe, Fellfarbe, Fähigkeiten etc.

Wie bereits angesprochen kann die Leitung bewusst für die gesamten Projekteinheiten maximal 4 Schüler*innen eine wichtige Schlüsselrolle zuteilen wie *Kathrin, die wir kennengelernt haben. Sie nimmt bei der Bergexpeditionsgeschichte den lebensrettenden Notruf mit.* Dadurch kann sich das Mädchen als speziell wichtig im Spiel erfahren und hat auch die Möglichkeit, von den anderen als Solche wahrgenommen zu werden.

Die Klassenlehrerin und die Spielleiter*innen definieren als letzte ihre Rollen. Alle Erwachsenen nehmen die Schüler*innen unterstützende, struktur- und impulsgebende Rollen ein. Solche Rollen werden im Kinderpsychodrama als Hilfs-Ich-Rollen bezeichnet. Beispiel: *Die Lehrerin ist die Köchin Shiva, die die berühmten Forscher gut versorgt und schaut, dass sie bei Kräften bleiben.*

Bevor die Aufbauphase beginnt und die Materialien ausgebreitet werden, müssen von der Leitung die einzelnen Spielschauplätze bestimmt werden. Die Leitung legt zum Beispiel im »Luxusliner-Spiel« fest, *dass sich im vorderen Bereich der Klasse die Kombüse befindet, daneben das Restaurant und schräg links davon die Brücke des Kapitäns.* Die Kinder müssen wissen, wo ihr Platz im Spiel ist, um ihre Spielkulisse aufzubauen.

3. Die Aufbauphase (Dauer ca. 20 Minuten)

Diese Phase macht den Kindern in der Regel sehr viel Spaß, und es darf dabei auch bewusst etwas lebhafter zugehen! Alle Kinder, die Lehrerin und die Spielleiterinnen dürfen sich mit den zur Verfügung stehenden Materialien für die Rolle verkleiden und die Spielkulisse gestalten. Die Aufbauphase ist immer eine entscheidende Vor-Phase für das Spiel, und je klarer der Aufbau ist, umso klarer können in weiterer Folge die Spielgrenzen eingehalten werden.

> Beispiel: *Die Mauer der Ritterburg muss durch Materialien sichtbar gemacht werden. Die Händler oder Ritter anderer Burgen können das Innere der Burg nur durch eine Zugbrücke, die beispielsweise mit einem braunen Stoff aufgebaut wird, erreichen.*

Durch die räumliche Ausgestaltung der Behausungen können die Kinder einen besseren Zugang zur Spielgeschichte und ihrer jeweiligen Rolle finden. Es ist ihr Bereich und bietet eine gewisse Sicherheit. Vor Spielbeginn wird gemeinsam die gesamte Spielkulisse angeschaut und erklärt. Um nicht zu viel Unruhe in die Klasse zu bringen, bleiben alle Kinder an ihrem aufgebauten Bereich. Eine Spielleiterin geht von einem Schauplatz zum nächsten und lässt sich von den zuständigen Kindern den jeweiligen Bereich erklären wie z.B. *Hier befindet* sich *das Restaurant, wo die Gäste sich hinsetzen können und Getränke und Speisen bestellen.* Alle Schüler*innen sollen durch die Erklärungen wissen, wo sich was befindet. Die gemeinsame Betrachtung der Spielkulisse schafft Struktur- und Orientierungsmöglichkeiten für alle Rollenspieler.

4. Die Spielphase (Dauer ca. 30 Minuten)

Der Beginn und das Ende der Spielphase wird durch ein Anfangs- bzw. Abschlussritual gekennzeichnet z.B. das Ertönen einer Klangschale. Zusätzlich kann der Klassenraum verdunkelt werden und beim Angehen des Lichts beginnt der neue Tag und somit das Spiel. Dasselbe gilt auch für das Spielende. Dazwischen ist Zeit für das Rollenspiel und das Ausagieren der beziehungsstiftenden Geschichte. Die Spielphase stellt den Höhepunkt der Projekteinheit dar. Die Projektleitung und die Klassenlehrerin spielen aktiv in ihrer Rolle mit und müssen darauf achten, dass die Kinder gut in ihren Rollen bleiben, miteinander kooperieren, der Spielrahmen gewahrt bleibt und die Spielgeschichte erfüllt wird. Eine zeitliche Spielbegrenzung ist aufgrund der Struktur sinnvoll.

5. Die Feedback- und Sharingphase (Dauer ca. 10 Minuten)

Nach der abgeschlossenen Spielphase entrollen sich die Kinder und die Erwachsenen, sie legen ihre Verkleidung ab und kehren in den Sitzkreis zurück. In der letzten Projektphase wird die Spieleinheit reflektiert. Jede*r Schüler*in darf ein kurzes Feedback geben, was ihr/ihm in der eigenen Rolle gut gefallen hat, die Rückmeldungen werden von der Co-Leitung dokumentiert. Die Klassenlehrerin und die Spielleiterinnen geben am Ende ebenfalls ihr Feedback in Bezug auf die gesamte Klasse, aber auch an einzelne Kinder weiter, die durch ihre Spielrolle besonders hervorgetreten sind. Das Feedback sollte immer ressourcenorientiert und gemeinschaftsstärkend sein.

> Beispiel: Lehrerin: *Mir hat als Köchin am besten gefallen, dass das Forscherteam so gut zusammengehalten hat und beim Aufstieg auf den Mount Everest jeder gut auf den anderen geschaut hat. Besonders der Notruf der Forscherin M. hat uns allen das Leben gerettet. Das war sensationell!*

Nach den Feedbacks können sich die Schüler*innen freiwillig zum Sharing melden. Beim Sharing geht es um eine bewusste Verarbeitung der erlebten Spielrolle und deren Transfer in den Schulalltag. Fragen dazu sind: Wie möchte ich die neue Spielerfahrung in den Schulalltag umsetzen? Was erlebe ich bereits in der Klassengemeinschaft und was nehme ich mir in Zukunft vor?

Beispiel: Johanna berichtet von der mutigen Bergbesteigung und wie alle gut aufeinander abgestimmt waren. Sie hat dieses Aufeinander-Schauen auch beim letzten Wandertag erlebt. Damals hatte sie große Angst, den Fluss zu überqueren, und einige Jungs der Klasse haben ihr geholfen, über den Baumstamm zu balancieren. In weiterer Folge nimmt sich Johanna als gute Mathe-Schülerin vor, den anderen zu helfen, wenn sie ihre Unterstützung benötigen.

Die Frage »Wer hat heute mit jemandem gespielt, mit dem er im Schulalltag keinen Kontakt hat?« runden die Spieleinheiten ab. Die Kinder melden sich per Handzeichen oder stehen auf, wenn sie diese Frage mit Ja beantworten. Das Ergebnis fließt in die Dokumentation mit ein z. B. 10 Kinder haben heute mit jemandem gespielt, mit dem sie sonst gar keinen Kontakt haben. Gemeinsam wird die Klasse aufgeräumt und die Projekteinheit beendet.

6.7 Die Rolle der Eltern

Die Eltern müssen bei der Planung eines Schulprojektes natürlich mit ins »Boot« geholt werden. Entweder laden als Variante 1 die Projektleiter*innen vor Projektbeginn die Eltern zu einem Elternabend ein, wo das Projekt vorgestellt und die Einverständniserklärung für das Fotografieren der Kinder während der Projekteinheiten eingeholt wird. Sollte die Leitung das Projekt evaluieren wollen bzw. den Spiellernraum damit beauftragen, dürfen die Eltern vor und nach dem Projekt einen Fragebogen über ihr Kind ausfüllen, der im Anhang zu finden ist.

Eine zweite Variante, Eltern über das Projekt zu informieren, stellt der Elternbrief dar (siehe Anhang). Der Elternbrief beinhaltet die wichtigen Projektinformationen und die Einverständniserklärung. In den 13 Jahren der Schulprojektdurchführung durch den Spiellernraum fanden bisher nur 3 Elternabende statt. In einer Zeit, wo Eltern beruflich als auch privat stark gefordert sind, stellt der Elternbrief eine zeitschonendere Alternative dar.

In der Regel werden Rollenspielprojekte von den Eltern begrüßt. Während der Projektdurchführung erleben Eltern ihr Kind oft begeistert und lebendig. Kinder, die vom Regelunterricht nicht viel erzählen, beginnen plötzlich, ihren Eltern von ihren Rollen mit großer Freude zu berichten. Viele Eltern haben uns nach den Projekten gesagt, dass ihr Kind während der Projektzeit wieder lieber in die Schule ging. Ausgelöst von den Erlebnissen der Rollenspiele kann auch die Eltern-Kind-Beziehung zuhause wieder neue Beziehungsinputs erhalten.

Am Ende des Projekts findet das Highlight für die Schüler*innen der Klasse statt, der feierliche Abschlussabend, zu dem alle Eltern kommen sollten! Der Abschlussabend bietet die Gelegenheit, dass alle am Projekt direkt und indirekt Beteiligten zusammenkommen – die Projektleitung, die Klasseneltern, die Geschwister, die Großeltern, die Klassenlehrerin und wenn möglich auch die Direktorin der Schule. An diesem Abend wird jede einzelne Schüler*in auf die Bühne gebeten und geehrt. In entspannter Atmosphäre kann die Leitung auf Elternfragen eingehen und weitere Betreuungsempfehlungen aussprechen. Der genaue Ablauf des Abschlussabends wird unter dem Punkt Projektabschluss Abschlussabend erklärt.

6.8 Die Rolle der Spielleitung/Klassenlehrerin

Ein Schulprojekt wird grundsätzlich von zwei Pädagoginnen geleitet. Die Klassenlehrerin ist immer am Projekt mitbeteiligt, muss aber nicht unbedingt in der Leitungsposition sein. Aus meiner Erfahrung ist die Rolle als »einfache« Mitspielerin ohne Leitungsfunktion für die Klassenlehrerin sehr hilfreich und gewinnbringend. Aus dieser Position kann sie mit mehr Distanz und einer anderen Perspektive auf die Klasse blicken. Der Perspektivenwechsel eröffnet der Klassenlehrerin die Chance, weitere Einsichten in Bezug auf einzelne Kinder und die Klassendynamik zu erhalten. Die Kolleginnen in der Leitung können wiederum der klassenführenden Lehrerin durch ihre Spielrollen hilfreiche, die Schüler*innen betreffende Informationen weitergeben. Bei dieser Informationsweitergabe darf es nicht um persönliche Kritik gehen, sondern um sachliche Beobachtungen auf der Spielebene.

Beispiel: Die Lehrerkolleginnen in der Leitungsposition bemerken im Spiel, dass die Klassenlehrerin sich als Dienerin mehr um die Ritter auf der Ritterburg (Jungs) als um die Prinzessinnen (Mädchen) kümmert. Dieser Fakt darf in der Nachbesprechung des Spiels thematisiert werden. Vielleicht wird der Klassenlehrerin dadurch bewusst, dass sie auch im Schulalltag mehr Zeit den Buben als den Mädchen schenkt.

Jedes Schulprojekt sollte von 3 Pädagoginnen, 2 Leiterinnen und der Klassenlehrerin begleitet werden. Jede Erwachsene ist ab der Aufbauphase bis zum Ende der Spielphase für einen Spielbereich verantwortlich.

Beispiel: Bei der Spielgeschichte »Der Luxusliner« ist eine Leiterin als Lehrling in der Küche tätig und achtet bereits beim Aufbau darauf, dass alle Kinder, die eine Rolle in der Küche gewählt haben, ihren Platz finden und zum Aufbau beitragen.

6 Rollenspiel »meets« Schule

Die Spielleiterinnen und die Klassenlehrerin sollten im Projekt bewusst eine ressourcenorientierte Haltung gegenüber sich selbst und den Schülerinnen*ern einnehmen. Im Mittelpunkt stehen die Wachstumsmöglichkeiten und Fähigkeiten des Kindes in der Spielrolle, die gesehen und in ihm geweckt werden. Das ist nicht immer so einfach, weil im Schulalltag meist defizitorientiert gedacht wird. Es werden oft Fehler betont und nicht die vorhandenen Fähigkeiten gesehen. Dieser Perspektivenwechsel weg von der mangelhaften hin zur kompetenzorientierten Sichtweise ist für das Rollenspiel zentral und die Voraussetzung für ein gelingendes Projekt! Bitte liebe Pädagoginnen achtet ganz bewusst darauf!

In der Spielphase dürfen die Lehrerinnen in ihrer Rolle die kindlichen Spieläußerungen begleiten, mitgestalten und ebenso die spielerische Kompetenz der Kinder fördern. Es geht darum, die unterschiedlichen kognitiven, emotionalen und sozialen Anforderungen aus der kindlichen Rolle heraus zu erkennen und spielerisch positiv zu beantworten. Was sich so komplex anhört, wird leichter durch ein Beispiel erklärbar.

> Beispiel: *Die Schülerin Sabine übernimmt in der Spielgeschichte vom Luxusliner die Rolle der Köchin Rosa. Ihre Lehrerin Frau Z. ist die einzulernende Hilfskraft Susi. Sabine, ein sonst eher schüchternes Mädchen, möchte durch diese Rolle wichtig sein, kann diesen Wunsch aber noch nicht adäquat im Spiel umsetzen. Frau Z. als Hilfskraft Susi darf nun im Spiel der Köchin Rosa bewundernd auf die Schulter klopfen und ihr sagen, wie stolz sie ist, bei einer so berühmten Köchin zu lernen.*

Frau Z. agiert aus ihrer Susi-Rolle als Hilfs-Ich. Das bedeutet, dass sie als Hilfskraft Sabine in ihrer Rolle als berühmte Köchin durch Lob, Ermunterung, Anerkennung motiviert, ihren Wunsch nach »Wichtig sein« immer besser zum Ausdruck zu bringen. Die Hilfs-Ich-Rolle einnehmen bedeutet im Spiel schlicht und einfach »ich stehe hinter dir, bestärke dich und nehme dich als wertvoll wahr«. Durch die Bestärkung von Sabine in ihrer Spielrolle wird sie im übertragenen Sinn sozial und emotional genährt. Sabine wird sich mit zunehmen-

6.8 Die Rolle der Spielleitung/Klassenlehrerin

dem Spielverlauf mehr als Köchin Rosa zutrauen. In einer früheren Lebensphase des Kindes übernehmen diese Hilfs-Ich-Rollen im Idealfall die Eltern oder andere nahe Bezugspersonen. Intuitiv kommentieren die Eltern die Handlungen des Kindes positiv und bestätigend.

Generell nehmen die Lehrerinnen im Spiel entweder eine einzulernende, unterstützende Rolle ein wie z. b. *Lehrling, Hilfskoch, Dienerin* ..., oder eine Aggressor-Rolle wie z. b. *der feindliche Ritter, der die Burg angreift*. Für die Kinder sind im Spiel die starken, positiven Rollen vorgesehen wie z. B. *der Chefkoch, der König, usw.*

Die mitspielenden Pädagoginnen agieren im Spiel meist aus der »Hilfs-Ich-Rolle« mit Ausnahme, wenn sie eine Aggressor Rolle einnehmen. Während die Klassenlehrerin in der Nichtleitungsrolle aktiv im Spiel als Hilfs-Ich zur Verfügung steht, müssen die Spielleiterinnen zusätzlich zu ihren Rollen in jeder Projekteinheit auf folgende Punkte achten:

- Die Einhaltung der Spielregeln ist wichtig.
  1. In der Rollenverteilungsphase und in der Feedback- und Sharingphase müssen alle dem sprechenden Kind zuhören.
  2. Im Spiel darf keinem anderen weh getan werden, es gilt die Devise »so tun als ob«.
  3. Die Spielbehausung ist der sichere Ort des Kindes. Keiner darf die persönliche Behausung eines anderen betreten, ohne die Erlaubnis dafür zu bekommen.
- Im Hinblick auf die Anstiftung zum Spiel und zur Strukturierung gilt es Folgendes zu beachten: In der Praxis braucht es meist keine Anstiftung zum Spiel, weil die Mehrheit der Schüler*innen sehr motiviert für das Spiel ist. Die beziehungsstiftende Geschichte gibt in der jeweiligen Projekteinheit die Struktur vor, die Leitung muss auf deren Einhaltung achten.
- Die Projektleitung sorgt für Schutz und bietet Handlungsalternativen an. Das gilt zum Beispiel für eine Geschichte, bei der es Außenfeinde gibt. Da muss die Leitung aus ihrer Rolle heraus ein

ängstliches Kind beruhigen, schützen bzw. motivieren, es bestärken etc.
- Die Projektleitung stellt sich für Aggressor- oder Außenfeindrollen zur Verfügung. Zum Beispiel: *ein böser Ritter greift (die Leiterin B.) die Ritterburg an und möchte die Prinzessin entführen.* Kinder dürfen im Schulsetting keine Außenfeindrollen spielen!
- Die pädagogischen Techniken, auf die ich im nächsten Kapitel näher eingehen werde, sind wesentlich für die Entwicklung der kindlichen Spielrollen.
- Das Dokumentieren der jeweiligen Spieleinheit wird von der Leitung übernommen.
- Nach jeder Projekteinheit erfolgt eine Nachbesprechung mit der Klassenlehrerin und der Leitung.

6.9 Interventionen/Techniken im Schulsetting

Der Technik- und der Interventionsbegriff werden in diesem Rahmen synonym verwendet. Mit Technik oder Intervention sind die methodischen Werkzeuge gemeint, die Pädagoginnen im Spiel einsetzen, um die Kinder in ihrer Gesamtpersönlichkeit ressourcenorientiert zu unterstützen. Die Spielinterventionen im Schulsetting sollen schwerpunktmäßig eine positive Klassendynamik fördern.

Doppeln: »Ich stehe hinter dir, du wirst bestärkt!«

Doppeln bedeutet, dem Kind in seiner Rolle zu helfen, seine inneren Bilder zum Ausdruck zu bringen. Im Schulsetting doppelt die Spielleiterin aus ihrer Rolle heraus. Sie kann durch das Doppeln Gefühle, Ängste und Wünsche aussprechen, für die das Kind (noch) keine Worte findet. Doppeln hat immer zum Ziel, das Kind in seiner Rolle zu (be)stärken! Doppeln kann ihm auch helfen, die Kontrolle über ein

Geschehen zu behalten, Verhaltensalternativen aufzuzeigen, sich zu wundern oder Spielanregungen zu geben. Einfacher ist es, dies an einem Beispiel zu konkretisieren.

> Beispiel: *Paula nimmt im Spiel die Rolle der Pilotin ein. Sie sollte eine Ansage an die Fluggäste machen und findet keine passenden Worte dafür. Die Pädagogin als Stewardess doppelt die Pilotin, indem sie bestimmte Aussagen tätigt wie »Sie sind jetzt einfach nervös, weil wir bald landen«. Im Flüsterton hinter der Pilotin stehend sagt die Stewardess: »Geschätzte Fahrgäste, in Kürze landen wir in Paris Orly. Bitte schnallen sie sich an und bleiben sie auf ihren Plätzen sitzen.« Somit bekommt Paula als Pilotin einen Input und wird ermutigt, diese Infos selbst an die Flugpassagiere weiterzugeben.*

Die Technik des Doppelns eignet sich einerseits für gehemmte Kinder und andererseits auch für »aufgeweckte« Kinder, um ihr Verhalten besser dosieren zu lernen. Durch die Einnahme einer unterstützenden Erwachsenenrolle und durch die Intervention des Doppelns kann ein Kind speziell angeregt werden, seine Rolle adäquater auszugestalten.

Spiegeln: »Ich sehe was, was du nicht siehst, und helfe dir, es wahrzunehmen!«

Spiegeln ist eine Konfrontationstechnik, die im pädagogischen Kinderpsychodrama immer wieder zum Einsatz kommt. Die Leiterin beschreibt aus ihrer Rolle heraus das Rollenverhalten des Kindes, sie hält ihm wörtlich gesagt den Spiegel vor. Das macht auch eine Mutter, wenn sie die Handlung des Kleinkindes laut dokumentiert. Neben der Wiedergabe des Verhaltens bietet die Spiegeltechnik auch die Möglichkeit, Bewunderung auszudrücken. Durch positive Spiegelung können die sozialen und emotionalen Fähigkeiten des Kindes gestärkt werden. Die Pädagogin spiegelt immer aus ihrer Rolle heraus, indem sie über die Rolle des Kindes redet. Anbei ein Beispiel dafür:

> Beispiel: *Die Bäuerin und der Bauer (Pädagoginnen) sitzen abends vor dem Bauernhof und unterhalten sich über ihre Tiere (die Kinder), die schon schlafen. Der Fuchs, der in der vergangenen Nacht die Hennen fressen wollte, konnte von den Bauernhoftieren gemeinsam in die Flucht geschlagen worden. Jedes Tier wird jetzt von den Bauersleuten erwähnt und gelobt, was für spezielle und mutige Tiere sie doch auf ihrem Bauernhof haben. Auf diese Art kann sowohl jedes einzelne Tier gelobt werden als auch die gesamte Gruppe und Gruppendynamik.*

Die Pädagogin beschreibt im Spiegeln, was sie sieht – *Ich sehe ein Kätzchen...*, sie fragt nach dem Warum – *Warum faucht das Kätzchen jetzt?* und bringt Hypothesen ein – *Wittert es womöglich eine Gefahr?*

Solche Spiegelinterventionen der Leitung gelingen alleine, zu zweit oder auch im Gespräch mit einem imaginären Partner.

> Beispiel: *Der Zoobesitzer wird von einem Besucher (imaginär) angerufen, der wissen will, was für Tiere sich im Zoo befinden. Da kann der Zoobesitzer von seinen speziellen Tieren schwärmen und sagen, dass jedes ein Unikat ist.*

Durch die Spiegeltechnik vermittelt die Pädagogin dem Kind auf der Spielebene ein Bild von sich selbst. Die Spiegelrolle bietet ebenso die Möglichkeit, die aktuell ablaufenden, gruppendynamischen Prozesse zu beschreiben, den Kindern aufzuzeigen oder sie zu fragen, wie das Spiel weitergeht.

Rollenwechsel und Rollentausch: »Du bist der Löwe und ich der Elefant!«

Im Kinderpsychodrama erfolgen der Rollenwechsel und der Rollentausch spontan im Spiel. Rollenwechsel bedeutet, dass die Kinder im

Spiel eine andere Rolle als die alltäglichen Klassenrollen einnehmen. Rollentausch bedeutet, dass A die Rolle von B und B die Rolle von A übernimmt. Sowohl Rollentausch als auch Rollenwechsel kommen im pädagogischen Rollenspiel vor. Die Kinder suchen sich automatisch starke, wirkmächtige Rollen aus, während die Pädagoginnen in schwache, ohnmächtige, versorgende, aggressive Rollen schlüpfen, die manche Kinder von ihrem realen Leben kennen (Rollentausch). Die Leitung erlebt sozusagen in der eingenommenen Rolle die Ohnmacht, die Ängste und die Abhängigkeit des Kindes. Aus dieser Rollentauschposition heraus kann die Leiterin stellvertretend für das Kind über die Ängste, die Ohnmacht, die Wut und den Zorn sprechen. Das Kind darf aus seiner mächtigen, sicheren Rollenperspektive heraus erleben, wie die Konflikte bearbeitbar und bewältigbar sind. Konkret kann man sich den Rollentausch so vorstellen, dass ein Kind im Spiel zum Beispiel folgende Rollen wählt:

1. Die Rolle des Starken, z.B. der König auf der Ritterburg, der über den bösen Ritter (Pädagogin) ein Urteil fällen muss.
2. Die Rolle des Autonomen, z.B. der Lehrer, der die Schülerinnen*e (Pädagogin) bestraft.
3. Die angsteinflößende Rolle, z.B. der starke, ausgewachsene Löwe, vor dem die Touristin (Pädagogin) Angst haben muss.

Es ist immer wieder spannend zu erleben, wie sich Kinder unbewusst im Spiel Rollen aussuchen, die ihnen Entwicklung eröffnen und sie in Kontakt mit ihren Ressourcen bringen. Der Kreativität der Rollenausgestaltung sind hier keine Grenzen gesetzt! Wichtig ist noch zu erwähnen, dass die vom Kind gewählte Spielrolle in der Projekteinheit nicht gewechselt werden darf.

6.10 Beziehungsstiftende Geschichten: »Auf Entdeckungsreise in meine eigene, magische Welt!«

Alfons Aichinger und Walter Holl haben den Begriff »beziehungsstiftende Geschichte« für die Schulprojektarbeit etabliert (Aichinger/Holl, 2002). Wie der Name bereits verrät, werden durch die Geschichte Beziehungen zwischen den Schüler*innen untereinander und der Spielleitung geschaffen. Eine beziehungsstiftende Geschichte bietet für jeden die Chance, eine andere Rolle wie im Schulalltag einzunehmen. So ergibt sich vielleicht die Chance, durch die stärkende Spielerfahrung zum Beispiel von der Außenseiterrolle dauerhaft in eine andere Klassenrolle zu wechseln, mehr dazu im nächsten Kapitel.

Eine beziehungsstiftende Geschichte oder Schulgeschichte beinhaltet mehrere Komponenten:

1. Es bestehen zu Beginn der Geschichte 2–3 Spielschauplätze, die dann im weiteren Verlauf zusammengeführt und zu einem positiven Abschluss gebracht werden.
2. Die einzelnen Kinderrollen sind so aufgebaut, dass sich die Schüler*innen als Heldinnen oder wichtige Impulsgeber erleben können.
3. Jede Geschichte enthält selbstwertstärkende Impulse, die wiederum die sozial-emotionalen Kompetenzen der Kinder und der gesamten Klasse fördern.
4. Die beziehungsstiftende Geschichte wird den Kindern erzählt, nicht vorgelesen, weil durchs Erzählen ein ganz anderer (Blick-)Kontakt zu den Schüler*innen hergestellt werden kann.

Die nachfolgende Abbildung soll eine Übersicht über die Schulprojektarbeit darstellen. Einerseits zeigt sie die Zusammenhänge der Wirk- und Einflussfaktoren der Schulprojektarbeit durch die Spielhandlung und Erfahrung auf. Andererseits soll sie veranschaulichen, wie statische Klassenrollen, die sozial-emotionalen Kompetenzen und die Selbstwirksamkeit durch die Arbeit mit beziehungsstiftenden Geschichten in Veränderung gebracht werden können. An diesem Geschehen sind die Schüler*innen, die Projektleitung, die Klassenlehrerin direkt und die Eltern indirekt beteiligt.

Rollenspielprojektarbeit

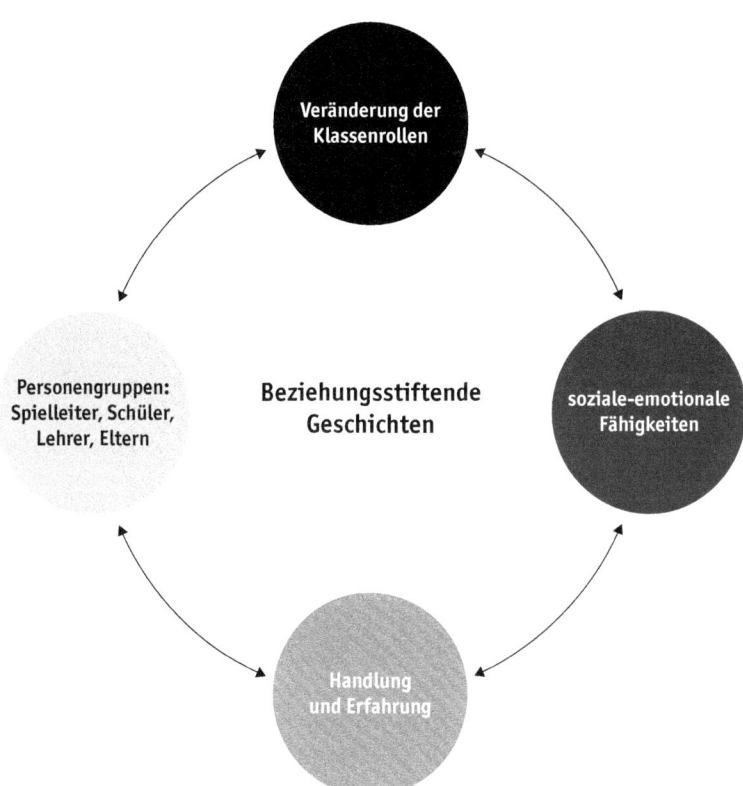

Abb. 2: Schulprojektarbeit mit Beziehungsstiftenden Geschichten (eigene Darstellung)

In jeder Schulklasse etablieren sich im Alltag unterschiedliche, klar festgelegte Rollen.

Die 7 Klassenrollen

Die 7 Klassenrollen nach Freigang/Bräutigam (2018) werden von den Kindern unbewusst selbst gewählt, eingenommen und von der Klasse ebenso unbewusst den anderen zugeschrieben. Diese verschiedenen Rollen verfestigen sich meist und bleiben in der Regel über den Lauf der Schulzeit stabil, wenn nicht aktiv damit gearbeitet wird. Die üblichen 7 Rollen in einer Klasse sind:

1. *Die Chefrolle (CR):* Die Meinung, Haltungen, Werte der Chefrolle geben in der Klasse den Ton an. Die Chefrolle kann von einem oder mehreren Kindern eingenommen werden.
2. *Die Opponentenrolle (OR):* In dieser Rolle sind diejenigen Schüler*innen zu finden, die die gängige Meinung des Chefs oder der Chefinnen nicht übernehmen und im Gegensatz dazu eine Kontrameinung aufstellen.
3. *Die Vermittlerrolle (VR):* Die Vermittlerrolle stellt das Bindeglied zwischen der Chefrolle und der Opponentenrolle dar und ist darauf bedacht, statt Streit einen Kompromiss zu finden.
4. *Die Klassenclownrolle (KCR):* In dieser Rolle versucht das Kind oder die Kinder, die Klasse regelmäßig mit seinen/ihren Witzen und Späßchen zu unterhalten.
5. *Die Außenseiterrolle (AR):* Die Kinder, die in dieser Rolle stecken, sind in der Klassengemeinschaft nicht integriert, sie stehen am Rande oder werden ganz ausgeschlossen.
6. *Die Mitläuferrolle (MR):* Kinder, die diese Rolle in der Klasse annehmen, stehen im unmittelbaren Kreis der Chefs oder der Opponenten und vertreten deren gängige Meinungen.
7. *Die Organisatorrolle (ORGR):* In dieser Rolle übernehmen Kinder gerne Aufgaben wie Klassenkassier, Klassenordner usw., wodurch sie positive Aufmerksamkeit bekommen.

_____ 6.10 Beziehungsstiftende Geschichten

Die 7 Klassenrollen werden später im praktischen Teil des Buches für die Dokumentation herangezogen. Anhand der Klassenrollen kann auf einfache Weise die Ausgangslage der Klasse mit der nach dem Rollenspielprojekt verglichen und Veränderungen deutlich gemacht werden.

Die beziehungsstiftenden Geschichten fördern das sozial-emotionale Miteinander der Schüler*innen und ermöglichen die Veränderbarkeit der festgelegten Klassenrollen. Dies können die Schüler*innen spielerisch bei jeder Einheit aufs Neue einüben und erproben. Wiederholungen sind beim sozialen und emotionalen Lernen wichtig!

Beispiel Beziehungsstiftende Geschichte

In der Erwärmungsphase wird allen Schüler*innen im Stuhlkreis die beziehungsstiftende Geschichte erzählt. Als »Erwärmung« in das Thema, wie es im Psychodrama genannt wird, kann eine Kiste mit Utensilien mitgebracht werden, die mit der jeweiligen Schulgeschichte zu tun haben, z. B. für die Bergexpeditionsgeschichte ein Seil, eine Mütze, Handschuhe, eine Wanderkarte etc. Die Kinder dürfen erraten, wohin die heutige Reise führt. Solche Ratespiele lieben die Schüler*innen, es wird dadurch ihre Neugier geweckt und eine gewisse Spannung aufgebaut! Die Schulgeschichte »Bergexpedition« wird nachfolgend beispielgebend vorgestellt. Das Thema der Geschichte übernahmen wir im Spiellernraum von Aichinger/Holl (2002) und adaptierten sie für unsere Schulprojekte.

Bergexpedition auf den Mount Everest

Kinderrollen: 2 Gruppen:

1. Gruppe: *Das Forscherteam,* bestehend aus den weltbesten Forschern

2. **Gruppe:** *Das Krankenhausteam,* bestehend aus unterschiedlichen Ärzten, Krankenschwestern, Krankenhauskoch, Hubschrauberpilot und Co-Pilot, Notärzten

Schlüsselrollen für 3–4 Kinder: im Forscherteam: Eine Forscherin mit dem Notrufgerät, ein Forscher, der die Expedition anführt, im Krankenhausteam: eine Ärztin, die den Notruf in Empfang nimmt, ein Hubschrauberpilot.

Rollen der Lehrerin/Spielleitung: Ein Sherpa beim Forscherteam, eine Leiterin des Basislagers und Lawine (mit großen, weißen Tüchern Lawine darstellen – Klassenlehrerin), eine Inspektorin, die das Krankenhaus inspiziert und sich zeigen lässt, was es alles gibt, sich verletzt und verarztet wird. Rollenwechsel der Klassenlehrerin bei Spielende in den Minister von Nepal, der Forscher und Krankenhausteam ehrt und Rollenwechsel der anderen Lehrerin als Sherpa in den Kameramann.

Bühne: Zwei Schauplätze zu Beginn: Basislager fürs Forscherteam und der Weg zum Mount Everest mit dem Gipfel, Krankenhaus fürs Rettungsteam, Hubschrauberplatz fürs Hubschrauber- und Notärzteteam.

Spezielle Beachtung: die zwei Spielschauplätze laufen parallel nebeneinander und werden durch den Notruf zusammengeführt. Die zeitliche Abstimmung gilt es zu beachten, was nicht immer ganz einfach ist.

Eine Spielleiterin erzählt den Schüler*innen die Geschichte:
Unser heutiges Abenteuer führt uns nach Asien in das Himalaya-Gebiet, wo es die höchsten Berge der Welt gibt. Dort trägt es sich zu, dass ein weltberühmtes Forscherteam sich gerade vorbereitet, den höchsten Berg der Welt, den Mount Everest, zu besteigen. Sie vermuten, dass es dort besondere Heilsteine gibt, die sie finden wollen, weil damit vielen kranken Menschen

6.10 Beziehungsstiftende Geschichten

geholfen werden kann. Sie haben schon viel über diese Heilsteine geforscht und wissen, dass diese nur in den Bergen des Himalaya Gebietes zu finden sind. Sie sind nun im Basislager, das am Fuße des Mount Everests liegt. Es ist früh am Morgen. Die Forscher müssen nun ihre Vorräte überprüfen, ihre Mess- und Suchgeräte durchchecken. Im Forscherteam gibt es verschiedenste Experten und Expertinnen – eine Computerexpertin, die Berechnungen über den Berg anstellen kann, einen Fotografen, der alles dokumentiert, was gefunden wird, und der auch die Expedition dokumentiert. Dann gibt es noch Schneeforscher, die genau sagen können, welche Schneearten auf dem Berg liegen, und natürlich die Forscher, die sich besonders gut mit den Heilsteinen auskennen. Sie treffen gerade die letzten Vorbereitungen, bevor sie ihre Expedition starten. Bisher hat es noch keine Forschergruppe geschafft, die Heilsteine zu finden. Alle sind entweder gestorben oder haben ihre Expedition abbrechen müssen. Ein Sherpa, der das Gepäck der Forscher trägt, begleitet das Team auf die Expedition. Alle Forscher werden angeseilt, damit sie gut gesichert sind. Trotz der Ankündigung einer Schlechtwetterfront startet das Expeditionsteam los.

In der Nähe des Basislagers liegt ein Krankenhaus, das über ein sehr gut ausgestattetes Rettungs- und Hubschrauberteam verfügt. Dort arbeiten die besten Ärzte und Krankenschwestern, die Erfrierungen nach dem neuesten Stand der Medizin behandeln können. Die beiden Hubschrauberpiloten können den Hubschrauber exakt genau fliegen. Zurzeit ist eine Inspektorin im Krankenhaus und lässt sich alle Gerätschaften zeigen, die in den Behandlungsräumen und im OP-Saal zum Einsatz kommen. Sie inspiziert den Hubschrauber und dessen Flugfunktionen. Bei der Überprüfung ist alles in bester Ordnung. Das Krankenhausteam wird für die gute Führung gelobt. Bevor die Inspektorin das Krankenhaus verlassen möchte, stolpert sie unglücklicherweise über eine Stromsteckdose und zieht sich einen komplizierten Knöchelbruch am Bein zu. Sie muss sofort versorgt und notoperiert werden. Das gesamte Krankenhausteam ist nun gefordert.

Währenddessen ist das Forscherteam unterwegs in Richtung Mount Everest. Sie müssen über unwegsames Gelände klettern und genauestens darauf achten, wo sie auftreten. Nach mehreren Stunden des Aufstiegs kommen sie an die Schneegrenze. Ab nun müssen sie durch den hohen Schnee stapfen, was sehr anstrengend ist. Mit ihren Pickeln und besonderen

Eisschuhen kommen sie jedoch gut voran. Bald haben sie den Gipfel erreicht, der Sauerstoff wird immer dünner und das Wetter schlägt um. Trotzdem beginnen sie nach den Heilsteinen zu suchen, die sie in der Nähe des Gipfels finden. Plötzlich ist aus der Ferne ein Geräusch zu hören, welches nicht wirklich benennbar ist. Alle sind mucksmäuschenstill. Das Geräusch wird immer lauter und lauter, ein Tosen und Donnern erfolgt, und sie sehen, wie eine riesige Schneelawine direkt auf sie zurast. Der Forscher mit dem Funkgerät sendet geistesgegenwärtig einen S.O.S. Notruf ans Krankenhaus. Unter den Forschern bricht Panik aus. Der Sherpa versucht die Forscher zu beruhigen und zeigt ihnen das richtige Verhalten in einer solchen Ausnahmesituation. Alle legen sich flach auf den Bauch, die Arme umgreifen den Kopf. Und schon ist sie da, eine riesige Lawine, die mit tosender Geschwindigkeit ins Tal braust. Die Lawine mit ihren riesigen Schneemassen verschüttet das Expeditionsteam. Danach wird es ganz still, beängstigend still.

Doch der S.O.S. Notruf ist im Krankenhaus angekommen und das Hubschrauberteam fliegt mit den Notärzten sofort los. In nur wenigen Minuten erreicht das Rettungsteam die Unfallstelle. Mit Piepsern werden die Opfer geortet und anschließend mit Schneeschaufeln ausgegraben. Es ist sehr selten, dass ein Rettungsteam mit einer solchen Präzision in kürzester Zeit alle Lawinenopfer bergen kann. Wie durch ein Wunder sind alle Forscher noch am Leben. Manche müssen wiederbeatmet werden, andere brauchen Bandagen an unterschiedlichen Körperteilen. Nach der Erstversorgung werden sie ins Krankenhaus geflogen, wo jeder Forscher vom Krankenhausteam adäquat betreut wird. Außerdem tragen die gefundenen Heilsteine, das gute Krankenhausessen und das freundliche Personal zur baldigen Besserung der Patienten bei. Eine Stunde später ist dieses Ereignis schon zum nepalesischen Minister vorgedrungen, der sofort mit einem Kameramann vom Fernsehen zum Krankenhaus einfliegt, um diese Expeditionstruppe und auch das Krankenhausteam zu ehren. Alle Gruppen haben an diesem Tag bemerkenswertes geleistet: die Forscher, die die Heilsteine entdeckten, und das Krankenhausteam, welches durch die gute Arbeit alle Lawinenopfer lebend bergen konnte. Dieses Ereignis wird in die ganze Welt übertragen – eine Sensation! So endet das heutige Spiel.

Angeregt durch die Schulgeschichte und die Verkleidung machen die Schüler*innen in ihren Rollen im Spiel tatsächlich gemeinschaftliche Erfahrungen. Die Forscher, die schließlich noch die Heilsteine vor dem Lawinenabgang finden konnten und als erstes Team dieses herausragende Unterfangen schafften, werden alle gerettet und versorgt. Das Krankenhausteam, dem es mit Hilfe der Heilsteine gelungen ist, alle Forscher zu retten, hat Unsagbares geleistet. Beide Gruppen, sowohl die Bergsteiger als auch das Krankenhausteam, sind voneinander abhängig. Nur durch das Zutun beider erfährt die Geschichte einen positiven Ausgang.

7 Leitfaden fürs Rollenspiel: »Spielende Kinder versetzen Berge!«

In diesem Abschnitt führe ich in die praktische Schulprojektarbeit ein. Die Beschreibung eines konkreten Projekts soll dafür als Leitfaden für die Umsetzung des Rollenspiels mit Schulklassen dienen. Die Namen aller im Projekt vorkommenden Kinder und Pädagoginnen wurden im Sinne der Schweigepflicht verändert.

Während in den frühen Lebensjahren primär Eltern oder nahe Bezugspersonen für die Erziehung der Kinder und deren sozialemotionale Entwicklung verantwortlich sind, kommt spätestens mit Schulbeginn der jeweiligen Pädagogin eine Bildungs- und Erziehungsverantwortung zu. Wie erwähnt bauen die pädagogischen Bildungsziele auf Faktoren wie Zuwendung, Beziehung, Sicherheit, Geborgenheit, Zeit auf. Für Kinder mit sozial-emotionalen Problemen, wie weiter unten beschrieben, kann die Klasse zu einem positiven Beziehungsraum werden und die Lehrerin zu einer wichtigen Bezugs- und Bindungsperson.

An dieser Stelle möchte ich die Bedeutung des Lehrerinnenberufs für die heranwachsende Generation und die Gesellschaft im Allgemeinen herausstreichen! Macht euch, liebe Lehrende, bitte bewusst, wie wertvoll eure pädagogische Arbeit ist und welchen Stellenwert sie im Leben der Kinder einnimmt! Wir alle können uns noch an unterschiedliche Szenen unserer Pflichtschulzeit erinnern. Lasst euch von den politischen Diskriminierungen des Berufsstandes nicht entmutigen! Schule bietet eine klare Struktur und einen geregelten Ablauf. In der Schule kommen Kinder über viele Jahre mit Gleichaltrigen zusammen und können Beziehungen zu anderen einüben. Die Freundschaften zu Gleichaltrigen wirken positiv auf das Bindungsverhalten und gleichen so manches Defizit einer negativen Elternbeziehung aus. Eine liebevolle Unterstützung der Lehrperson und positive Beziehungen zu anderen Schüler*innen besitzen für die sozial-emotionale Kompetenzentwicklung einen hohen Wert! Das pädagogische Rollenspiel ist geradezu prädestiniert, Schüler*innen spielend zu bestärken.

7.1 Projektvorbereitung

Zu Beginn des Schuljahres 2021/2022 beschließt die Klassenlehrerin Frau Z. mit der Klasse 1b in der Einschulungsphase ein Schulprojekt durchzuführen. Frau Z. hat im Sommer gemeinsam mit der Begleitlehrerin Frau L. im Spiellernraum eine Weiterbildung zum pädagogischen Rollenspiel an Schulen besucht und ist sehr begeistert von dieser Methode. Mit dem Einverständnis der Direktorin will sie gemeinsam mit der Begleitlehrerin Frau L., die 10 Stunden in der Klasse 1b unterrichtet, das Projekt durchführen. Die Klassenlehrerin möchte bewusst nicht in der Leitungsfunktion stehen. Als Mitspielerin gewinnt sie eine andere Perspektive auf ihre Klasse. Eine Studentin wird das Projekt mit der Begleitlehrerin leiten. Der erste Schritt zur Projektvorbereitung ist die Erstellung einer Klassenliste. Für die Leserinnen wird die Klasse 1b mit den »speziellen Kindern« zuvor beschrieben.

Die Klasse 1b und die Klassenliste

»Handeln ist heilender als Reden!« Jacob Levy Moreno

16 Kinder, 6 Buben und 10 Mädchen, besuchen insgesamt die Klasse 1b. Im September hat die erfahrene Klassenlehrerin Frau Z. diese Klasse als klassenführende Lehrerin übernommen, Frau L. ist die

Begleitlehrerin und unterrichtet 10 Stunden in der Klasse. In der kurzen Einschulungsphase fallen der Lehrerin Frau Z. immer wieder einzelne Schüleri*innen negativ in Bezug auf ihre Sozialkompetenz auf. Teilweise kommen die Kinder aus einem schwierigen sozialen Umfeld. Frau Z. und Frau L. konnten innerhalb des ersten Monats zu den meisten Schüler*innen eine vertrauensvolle Beziehung und eine gute Gesprächsbasis aufbauen. In den Pausen investiert die Klassenlehrerin immer wieder Zeit, um klärende Gespräche mit einzelnen Schüler*innen zu führen. Großteils geht es in den Gesprächen darum, dass einzelne Kinder von Mitschüler*innen emotional verletzt und/ oder ausgeschlossen werden, in der Klasse keine Freunde finden oder von anderen gehänselt werden. Die betroffenen Kinder haben laut Frau Z. ein geringes Selbstwertgefühl. Die Klassenlehrerin möchte die sozialen und emotionalen Kompetenzen der Kinder stärken. Aus diesem Grund ist ein Schulprojekt mit 5 Projekteinheiten geplant, das von der Begleitlehrerin und einer Studentin gemeinsam geleitet und der Klassenlehrerin als Mitspielende begleitet wird. Da die Pädagoginnen sich noch etwas unsicher mit der Methode fühlen, nehmen sie zwei Supervisionsstunden beim Spiellernraum in Anspruch.

Als ersten Vorbereitungsschritt erstellt das Leitungsteam gemeinsam mit der Klassenlehrerin eine Klassenliste. Sie enthält die Klassenrollenbeschreibung, das Alter und Geschlecht des Kindes und eine Kurzeinschätzung der Lehrerinnen in Bezug auf die sozialemotionalen Fähigkeiten der 16 Schüler*innen. Auf 4 Kinder (»Protagonist*innen«), die in der Klassenliste gelb markiert sind, wird ein spezieller Fokus im Projekt gelegt. Diese Schüler*innen werden anschließend dem Leser zum besseren Verständnis vorgestellt.

Klassenliste Klasse 1b

In der folgenden Liste werden unter den Schüler*innenaufzählungen die Klassenrollen abgekürzt erwähnt. Anbei zur Wiederholung – CR=Chefrolle, OR=Opponentenrolle, VR=Vermittlerrolle, KCR=Klassenclownrolle, AR=Außenseiterrolle, MR=Mitläuferrolle, ORGR=Organisatorrolle. In der Klasse 1b sind die Klassenrollen vor dem Projekt folgendermaßen verteilt: Die Chefrolle (CR) hat ein Kind inne, in der Opponentenrolle (OR) sind zwei Kinder, die Vermittlerrolle (VR) spielen vier Kinder, die Klassenclownrolle (KCR) übernimmt ein Kind, in der Außenseiterrolle (AR) sind zwei Kinder, die Mitläuferrolle (MR) nehmen fünf Kinder ein, die Organisatorrolle (ORGR) führt ein Kind aus.

Schüler*- innen Rolle	Alter, Geschlecht	Sozial-emotionale Kompetenzen
S1 MR	6, Bub	freundliches, höfliches Kind, vordergründig eher ruhig und unauffällig, unbeobachtet ärgert er gerne seine Mitschüler und spielt Streiche, dieses Verhalten kommt bei den Klassenkollegen nicht immer nur gut an.
S2 VR	6, Mädchen	ein fröhliches, aufgeschlossenes Mädchen, die in der Klasse gut integriert ist und Freundinnen hat.
S3 ORGR	7, Bub	S3 ist ein sehr offenes, höfliches und respektvolles Kind, das sehr genau beobachtet. Zuhause erzählt er viel von der Schule, diskutiert gerne. Er ist ein guter und beliebter Schüler dank seines Organisationstalents.
S4 MR	6, Mädchen	S4 ist ein zurückgezogenes Mädchen, das sich schwer tut, eine richtige Freundin zu finden, worunter sie leidet.
S5, Julia VR	6, Mädchen	S5 ist sehr ausgeglichen. Sie sieht vieles, was die anderen als Drama erleben, entspannt. Sie kommt mit allen gut aus und nimmt meist eine vermittelnde Rolle ein. Sie fällt durch ihre Leistung positiv auf und ist sehr fleißig und pflichtbewusst. Auf sie werde ich später als positives Beispiel näher eingehen.
S6 OR	7, Mädchen	S6 ist ein begeisterungsfähiges, talentiertes, energiegeladenes Mädchen; allerdings genau so, wie sie von einer Sache begeistert sein kann, kann sie etwas

7 Leitfaden fürs Rollenspiel: »Spielende Kinder versetzen Berge!«

Schüler*- innen Rolle	Alter, Geschlecht	Sozial-emotionale Kompetenzen
		leidenschaftlich ablehnen. Sie schwätzt im Unterricht und tut sich schwer, sich an Regeln zu halten. Generell reagiert sie sehr schnell gekränkt, erlebt sich tendenziell als ungerecht behandelt.
S7, Florian MR	6, Bub	S7 hat 2 Seiten – einerseits nett und sensibel, andererseits scheint alles an ihm abzuprallen. Er wirkt dann wie gefühllos und spielt den Coolen. Er sucht den Kontakt zu den Meinungsbildnern der Klasse, fühlt sich jedoch sehr leicht von seinen Mitschüler*innen angegriffen. Mit der Mutter ist die Lehrerin schon in Kontakt getreten. Ihm wird spezielle Beachtung im Projekt geschenkt.
S8 CR	6, Mädchen	S8 ist ein nettes, aufgeschlossenes, engagiertes, hilfsbereites Mädchen, mit einem ausgeprägten Sinn für Gerechtigkeit; sie setzt sich für andere ein, sagt ihre Meinung, ist eine Meinungsbildnerin in der Klasse.
S9, Kathrin AR	6, Mädchen	S9 haben wir am Buchanfang schon kennengelernt. Sie ist die Jüngste in der Klasse und ein schwer zugängliches Mädchen, die alles mit sich selbst ausmacht; sie wirkt unsicher und ängstlich, hätte gerne mehr Kontakt zu den anderen Mädchen, findet aber bis jetzt keinen richtigen Anschluss. Auf Kathrin wird ebenso ein Hauptfokus gelegt.
S10 VR	6, Mädchen	S10 ist ein ausgeglichenes, sehr angenehmes Mädchen, die Streit schlichtet und sich auch hilfesuchend an die Lehrerin wendet, wenn sie Ungerechtigkeiten erlebt. Sie hat bereits Freundinnen gefunden, kommt gerne in die Schule und fühlt sich wohl in der Klasse.
S11 MR	6, Bub	S11 ist ein fröhliches, aufgeschlossenes Kind, dem es sozial-emotional sehr gut in der Klasse geht. Leider tut er sich leistungsmäßig schwer, ist unkonzentriert, chaotisch und vergesslich. S11 wird derzeit wegen ADHS abgeklärt.

Schüler*- innen Rolle	Alter, Geschlecht	Sozial-emotionale Kompetenzen
S12, Aron AR	6, Bub	S12 ist der Schüler, von dem die Lehrerin am wenigsten weiß. Er ist immer ruhig, konzentriert und beobachtet genau. Er sucht Kontakt zu den Coolen, findet aber keinen Anschluss. Aron wohnt bei seinem Vater. Auffallend ist auch, dass er schon dreimal wegen Kopfschmerzen abgeholt werden musste. Die Lehrerin möchte diesbezüglich Kontakt mit dem Vater aufnehmen. Aron bekommt in diesem Projekt besondere Aufmerksamkeit.
S13 KCR	7, Bub	S13 ist ein sehr höfliches, nettes Kind, war in der Vorschule, hat Migrationshintergrund und die Lehrerin ist sich nicht immer sicher, ob er alles versteht. S13 bemüht sich jedoch, alles richtig zu machen. Er ist gut in der Buben- und der Mädchengruppe integriert, spielt immer wieder den Klassenclown.
S14 OR	6, Mädchen	S14 ist ein ausgeglichenes, sozial kompetentes Mädchen, gut aufgehoben in der Klasse. Sie hat ist mit ihrer besten Freundin S8 aus dem Kindergarten in die Schule gestartet. S14 äußert ihre Meinung offen, auch wenn sie nicht immer der gängigen Meinung entspricht. S 14 wirkt zufrieden und selbstsicher.
S15 MR	6, Mädchen	S15 ist ein sehr nettes, höfliches, eher ruhiges Kind. Sie ist sehr kreativ, malt viel, gut und gerne. Auch sie ist gut in die Klassengemeinschaft eingebettet. Des Öfteren wird sie von Bauchschmerzen geplagt. Ihre Eltern sind gerade in der Trennungsphase.
S16 VR	6, Mädchen	S16 ist ein aufgeschlossenes, fröhliches, unkompliziertes Kind mit einem guten Standing in der Klasse. Sie hat noch einen Zwillingsbruder, der die Klasse 1a besucht.

7 Leitfaden fürs Rollenspiel: »Spielende Kinder versetzen Berge!«

Der Einfachheit halber wird jedem Kind nur eine Klassenrolle zugeschrieben, obwohl Kinder im Schulalltag auch mehrere Rollen einnehmen können, wie z.b. die Vermittler- und die Mitläuferrolle. Nach den 5 Projekteinheiten werden die Klassenrollen abermals bestimmt, mit den Ausgangsrollen vor dem Projekt verglichen und bewusst darauf geachtet, ob sich bei den Klassenrollen nach dem Projekt etwas verändert hat.

Die vier Protagonist*innen der Klasse 1b

Die vier Hauptdarsteller*innen, im Psychodrama Protagonistinnen genannt, der Klasse 1b sind alle 6 Jahre alt und besuchen seit circa einem Monat die Schule. Alle vier Kinder sind aufgrund ihres Alters/Jahrgangs schulpflichtig. Auch die Schulfähigkeit ist bei allen vier Kindern gegeben und doch sind die sozial-emotionalen Voraussetzungen, wie gleich ersichtlich, höchst unterschiedlich. Die vier Schüler*innen werden durch die Brille der Bindungstheorie von Bowlby vorgestellt. Dies erhebt aber nicht den Anspruch an das Leitungsteam, dass sie die Protagonistinnen nach der Bindungstheorie einteilen müssen. Es geht mir hier einerseits darum, den Pädagoginnen eine klarere Sicht und ein tieferes Verständnis im Hinblick auf die speziellen Kinder der Klasse zu eröffnen. Andererseits können die Pädagoginnen in einem weiteren Schritt durch das Rollenspiel mit den Kindern gemeinsam aktiv daran arbeiten. Sie bekommen plötzlich eine Bühne und dürfen sich ihrem Verhalten entsprechend den anderen mitteilen. Durch die Rollenspielprojekte wird eine lustvolle Veränderung solcher Schüler*innen möglich.

Julia

Julia (S5) ist 6 Jahre alt. Sie hat noch einen kleineren, 4-jährigen Bruder Laurin, der in den Kindergarten geht. Oft spielt sie mit ihm, aber manches Mal nervt er auch, wenn sie für sich alleine zeichnen möchte. Sie ist ja gerade in die Schule gekommen und schon eine

Große im Gegensatz zu Laurin. Julia hat viel Vertrauen ins Leben, ist neugierig, offen, spontan. Sie hat sich schon sehr auf die Schule gefreut. Sie konnte es kaum erwarten, neue Freundinnen kennenzulernen, alleine den Schulweg zu bewältigen, aber auch endlich lesen und schreiben zu lernen. Das Buch von der Oma darf sie dann selbst lesen und muss sich nicht immer vom Papa vorlesen lassen. Sie kann schon zumindest ein paar Buchstaben und ihren eigenen Namen schreiben. Julias Eltern waren beim ersten Schultag mit dabei. Sie berichtet ihnen jeden Tag ganz stolz, was sie alles in der Schule gelernt hat und welche Kinder sie als Freunde gewinnen konnte. Julia nimmt in ihrer Klasse eine vermittelnde Position ein. Ihre Eltern leben ihr vor, sich gegen Ungerechtigkeiten einzusetzen.

Julia ist ein *sicher gebundenes Kind*. Ein sicher gebundenes Kind hat das Gefühl, um seiner selbst willen geliebt, wertgeschätzt zu werden. Julia fühlt sich von ihren Eltern gesehen und unterstützt, auch wenn es manches Mal zu Auseinandersetzungen kommt. Diese sind jedoch wichtige Erfahrungen, weil sie dadurch lernt, dass es unterschiedliche Meinungen gibt. Jedoch werden diese durch die Diskussion geklärt und man versöhnt sich anschließend wieder. So lernt Julia konfliktfähiger zu werden und es nicht persönlich zu nehmen. Das gibt Sicherheit und schafft einen klaren Rahmen. Julia wird in ihrer Persönlichkeit gesehen, bekommt genügend Aufmerksamkeit von ihren Eltern. So wie bei Julia braucht eine sichere Bindung Zeit und setzt auch eine gewisse Persönlichkeitskompetenz der Eltern voraus. Julia ist im Großen und Ganzen freudig gestimmt und die Außenwelt ist in Ordnung, sie kann entspannt mit anderen Kindern in Kontakt gehen, hat sie doch die Sicherheit, dass bei Bedarf jemand »Sicherer« für sie da ist.

Normalerweise wird ein solches Kind wie Julia nicht als Protagonistin für ein Schulprojekt ausgewählt. Julia sollte beispielgebend für ein sicheres Bindungsmuster erwähnt und damit aufgezeigt werden, welche Vorteile ein Kind mit diesem Bindungsmuster gegenüber anderen Kindern hat.

Florian

Florian (S7) hat letzten November seinen 6. Geburtstag gefeiert und er wird schon bald 7. Er besucht dieselbe Klasse wie Julia, hat mit ihr aber nicht so viel zu tun. Er mischt sich eher unter die coolen Buben, würde gerne selbst einer der ganz Coolen sein, nimmt aber eine Mitläuferrolle in der Klasse ein. Florian hat noch drei ältere Geschwister, zwei Brüder und eine Schwester. Mit ihnen unternimmt er in seiner Freizeit nicht allzu viel, weil sie beim Papa leben. Florians Eltern sind seit vier Jahren getrennt. Er kann sich kaum noch daran erinnern, wie es war, als sie eine gemeinsame Familie waren. Kein Wunder, er war bei der Trennung erst 2 1/2 Jahre alt. Die Eltern können schon noch miteinander reden, aber sie streiten auch oft wegen der Kinder und wegen Papas neuer Frau. Das ist zumindest die Sicht von Florian. Überhaupt ist Papas neue Frau eine volle Zicke, er mag aus diesem Grunde auch nicht so gerne zu Papa gehen, obwohl er eigentlich alle zwei Wochen bei ihm das Wochenende verbringen sollte. Florian freut sich mehr darauf, wenn seine Geschwister zu ihm und zur Mama kommen, da ist was los. Aber die Mama ist entspannter, wenn diese auch wieder gehen. Florians Vorfreude auf die Schule hielt sich in Grenzen. Er mag es nicht so gerne, etwas Neues anzufangen. Dann bekommt er es mit der Angst zu tun.

Florian ist ein Kind, das *unsicher-vermeidend* gebunden ist. Er umgeht es, Bedürfnisse zu zeigen und Nähe zu suchen, weil er gelernt hat, die meiste Liebe und Aufmerksamkeit von der Mutter zu bekommen, wenn er keine Ansprüche stellt. Seine Mutter als Alleinerziehende ist durch ihre Arbeit so mit sich beschäftigt, dass da kaum noch Zeit für die Bedürfnisse von Florian bleibt. Sie ist einfach überfordert und müde. Ein unsicher-vermeidend gebundenes Kind wie Florian vertraut nicht auf die haltgebenden, sicherheitsspendenden Eltern, sondern fühlt sich auf sich allein gestellt. Florian lernt, dass er alleine klarkommen muss und geht deshalb Beziehungen generell aus dem Weg, weil sie eher weh tun und bedrohlich sind. Bei Konflikten verhält es sich ähnlich, sie schaffen eher nur Probleme. Durch Florians scheinbar unkompliziertes Verhalten und seine Anspruchslosigkeit bekommt er ab und zu von seiner Mutter und dem Umfeld Lob. Dadurch wird dieses Verhalten unbewusst weiter verstärkt. Ein Kind wie Florian zeigt sich in der Schule angepasst und scheint autonom zu sein, obwohl er äußerst bedürftig wäre. Tief in seinem Inneren hat er aber längst den Glauben an eine gute, sichere Welt verloren.

Aron

Aron (S12) ist ein Einzelkind. Seine Eltern haben sich genau zwei Tage nach seinem 6. Geburtstag getrennt. Nun lebt er seit drei Monaten bei seinem Papa, weil seine Mama anscheinend krank ist. Jetzt kam er zu allem Übel noch in die erste Klasse, was ihm viel Kopfzerbrechen bereitet. Er kennt da nämlich niemanden. Alle Kinder aus seinem Kindergarten besuchen eine andere Schule. Aron hatte es nie leicht, Freunde zu finden und jetzt muss er ausgerechnet seinen besten Kumpel Nico hinter sich lassen. Er nimmt momentan noch eine Außenseiterrolle in der Klasse ein. Aron sieht seine Mama alle zwei Wochen im Besuchscafe. Aron kann das bis heute nicht richtig verstehen, warum er auf einmal seine Mama nur so selten sehen darf. Seine Mama schaut gut aus und sie geht arbeiten. Allerdings hat sie so viel Durst, dass sie ganz viel Wein trinkt. Papa und die anderen Erwachsenen sagen, das sei eine Krankheit. Bevor sich Arons Eltern trennten, wachte er in der Nacht oft auf, weil Mama und Papa stritten. Das war sehr unangenehm für Aron. Er war hin- und hergerissen zwischen beiden und doch konnte er nicht gut genug helfen, dass sie zusammenblieben. Vielleicht war er an allem schuld, vielleicht hätte er sich einfach mehr zusammenreißen sollen.

Aron gehört zu den Kindern, die *unsicher-ambivalent* gebunden sind. Ein Kind mit einem solchen Bindungsstil zeigt ein sehr widersprüchliches Verhalten. Einerseits wünscht es sich Nähe von den Eltern/Bezugspersonen, andererseits geht ein unsicher-ambivalent gebundenes Kind bei Kontaktaufnahme von außen in die Abwehr. Aron hat gelernt, wie unberechenbar seine Mutter ihm gegenüber war. Wenn sie nicht viel getrunken hat, dann konnte sie sehr nett sein zu ihm. Hatte sie an manchen Tagen jedoch viel Durst, zeigte sie sich wie ein Kind, lachte ihn manches Mal aus, beschimpfte ihn sogar aus einem unerklärlichen Grund. Sie war dann für ihn nicht einschätzbar. Er musste sich immer auf ihre Launen einstimmen, auf alles gefasst sein. Das ist sehr anstrengend und erfordert höchste Konzentration. Es bedeutet einen enormen emotionalen Stress. Daher hat Aron auch wenig Motivation, neugierig auf seine Klassenkameraden zuzugehen und explorierend das neue Lebensumfeld – die Schule – zu erkunden. Sie ist bedrohlich. Er besucht dieselbe Klasse wie Julia und Florian. Insgeheim findet Aron Florian cool, möchte auch so sein wie er. Florian interessiert sich aber nicht für Aron. Enttäuschungen in Beziehungen sind für Aron normal, das hat er schon als 6-Jähriger verstanden.

Kathrin

Kathrin (S9) kennen wir bereits aus den Anfangsbeispielen. Sie ist kurz vor Schulbeginn 6 Jahre alt geworden und die Jüngste in ihrer neuen Klasse. Zuhause ist sie die Älteste von drei Kindern. Kathrin hat noch nicht wirklich einen Zugang zu den anderen Kindern gefunden, nimmt ebenso wie Aron eine Außenseiterrolle in der Klasse ein. Sie wohnt mit ihrer jüngeren Schwester Sara und ihrem 1-jährigen Babybruder Simon bei ihrer Mama. Gott sei Dank ist der Papa nicht mehr bei ihnen. Er darf sie nicht besuchen kommen, Mama sagt, er ist derzeit im Gefängnis. Er hat nämlich Mama und auch Kathrin, wenn sie die Mama oder ihre Geschwister schützen wollte oder nicht brav war, geschlagen. Einmal hat er sogar die Mama auf den Boden geworfen und sie mit dem Fuß getreten, bis sie blutete. Als Kathrin ihr helfen wollte, hat er auch sie gegen den Heizkörper geworfen. Das tat höllisch weh und seitdem hasst Kathrin ihren Papa. Bald darauf musste sie mit der Mama und den anderen Geschwistern mitten in der Nacht die Wohnung verlassen, weil der Papa sagte, er bringe sie alle um. Das war vor einem halben Jahr, sagt die Mama. Seit dieser Zeit hat Kathrin ihren Papa nicht mehr gesehen. Aber er wohnt wieder in der alten Wohnung. Kathrin muss nun den Papa ersetzen und die Mama beschützen, wenn sie Angst hat und weint. Sie muss stark sein, sie ist ja jetzt schon groß und ein Schulkind.

Kathrin hat in ihrem kurzen Leben sehr viel erlebt – sie hat gelernt, dass die Außenwelt gefährlich und bedrohlich ist. Ihr Bindungsverhalten ist desorganisiert. Durch ihre Erlebnisse mit den Eltern hat sie einerseits gelernt, die Verantwortung für die Mutter und ihre Geschwister zu übernehmen. Andererseits hat sie auch gesehen, dass genau die engste Bezugsperson wie der Papa, von der sie sich wünschen würde, beschützt zu werden, die größte Bedrohung für sie darstellt. Diese Widersprüchlichkeit überfordert ein 6-jähriges Mädchen und führt oft zu Versagensängsten, zu dem Gefühl, falsch und unfähig zu sein. Kathrin kann nie sicher sein, ob der Papa nun zuschlägt oder ob er nett zu ihr ist. Kathrin muss mit diesem enormen inneren Konflikt leben und ihn irgendwie für sich regulieren. Das kann zutiefst verstören. Kathrin hätte gerne eine beste Freundin, der sie das alles erzählen könnte, aber in der Schule hält sie sich eher zurück. Manches Mal weint sie. Sie möchte nicht, dass andere sie dabei sehen, sie will stark bleiben, alles andere wäre zu bedrohlich. Kathrin lernt, dass die Welt ein lebensgefährlicher Ort ist und sie, wenn sie nicht stark bleibt, ihr schutzlos ausgeliefert ist.

Aus der Beschreibung der Klasse und dem näheren Kennenlernen der vier Kinder ergeben sich folgende Fragen in Bezug auf das Projekt:

- Warum wurden genau Florian, Aron und Kathrin als Protagonist*innen für das Projekt ausgewählt?
- Wie kann die Projektleitung speziell diesen drei Kindern Aufmerksamkeit schenken?
- Welche Spielinterventionen sind bei den drei Kindern sinnvoll?
- Welche Schlüsselrollen werden diesen Kindern im Spiel gegeben, damit sie Vertrauen aufbauen und ihre sozialen und emotionalen Fähigkeiten zeigen und erweitern können?
- Wohin kann sich die Projektleitung nach dem Projektende wenden, wenn ein weiterer Betreuungsbedarf für die Kinder wünschenswert ist?

7 Leitfaden fürs Rollenspiel: »Spielende Kinder versetzen Berge!«

Die fünf Fragen fließen in die nachfolgenden Ausführungen mit ein und werden schrittweise beantwortet. Zur Entlastung der Leitung kann gesagt werden, dass sie keine therapeutischen Aufgaben in Bezug auf diese drei Kinder übernehmen muss! Zwar kennt die Projektleitung die privaten Situationen und Klassenrollen der drei Kinder, die beispielgebend für viele Kinder stehen. Jedoch liegt der Projektfokus auf der (Be-)Stärkung und Förderung der Kinder in ihren Rollen! Sie dürfen in einem geschützten Rahmen der Rollenspieleinheiten erfahren, dass sie ok sind, genau so, wie sie sind. In ihnen soll nicht nur die Klassenrolle gesehen werden, sondern ihre Größe und die Möglichkeit, alle Rollen einnehmen zu können. Der Glaube an sie und das Vertrauen in sie kann Berge versetzen! Zumindest habe ich es immer wieder in den Schulprojekten so erfahren.

Vor Projektbeginn müssen die beiden Leiterinnen bestimmte Entscheidungen treffen, die in der Checkliste enthalten sind. Die Fragen der Checkliste werden anschließend mit kursiver Schrift beantwortet.

Checkliste

Ein weiterer Schritt zur Projektdurchführung stellt die Checkliste dar. Sie ist im Anhang des Buches zu finden. Folgende Punkte sollten vor Projektbeginn geklärt werden:

- Wer sind die zwei Projektleiter*innen?
  Die Begleitlehrerin der 1b übernimmt gemeinsam mit der Studentin die Leitung.
- Kann die Projektleitung von schulinternen Pädagoginnen abgedeckt werden oder braucht es die Unterstützung vom Spiellernraum?
  Es braucht keine Unterstützung vom Spiellernraum.
- Gibt es zusätzlich eine 3. Person, wie z. B. einen Zivildienstleistenden, der dieses Projekt mit begleiten kann?
  Die Klassenlehrerin wird beim Projekt mit dabei sein.

7.1 Projektvorbereitung

- Sollen die Projekte vom Spiellernraum supervidiert werden?
  Das Leitungsteam ohne Klassenlehrerin nimmt 2 Supervisionsstunden mit einer Fachfrau des Spiellernraums in Anspruch. Die Supervisionsstunden finden nach der ersten Projekteinheit und vor der letzten Einheit statt.
- Warum möchte die Projektleitung gerade mit dieser Klasse ein Projekt durchführen? Motivation und Hauptthema des Projektes.
  Der Klassenlehrerin ist es ein Anliegen, dass sich die spannungsgeladene Gruppendynamik nach einem Monat Schule nicht verfestigt. Das Projekt sollte die Klasse zu positiven Beziehungen untereinander anstiften und die drei hervorgehobenen Kinder speziell gestärkt werden. Hauptthema: Sozial-emotionale Kompetenzstärkung der Klassengemeinschaft.
- Auf welche Kinder soll neben der Klassengemeinschaft ein Hauptfokus gelegt werden (lediglich 3–4 Kinder in diesem Setting möglich)?
  Es soll auf Florian, Aron und Kathrin ein Fokus gelegt werden.
- Projektziele bestimmen und definieren, allgemeine Ziele und Feinziele festlegen.
  Förderung der sozial-emotionalen Kompetenzen, Stärkung der Klassengemeinschaft, Bewunderung – Selbstwertstärkung. Florian, Aron und Kathrin erhalten Schlüsselrollen, um ihren Wert im Spiel für die Klassengemeinschaft hervorzuheben.
- Braucht es ein Projektbudget? Wenn ja, wie viel Geld wird fürs Projekt benötigt und wie wird es finanziert?
  Die 2 Supervisionsstunden beim Spiellernraum kosten 240 €. Diese Kosten werden vom Fortbildungspool der Lehrerinnen entnommen.
- Projekteinheiten und Uhrzeit bestimmen, wann finden die Einheiten statt? (5 Einheiten, 10 Einheiten, viertel-/halbjährliche Einheiten oder soll ein Ganzjahresprojekt stattfinden?
  Zunächst werden 5 wöchentlich stattfindende Einheiten zu 2 Schulstunden anberaumt. Sollte die Leitung einen zusätzlichen Bedarf als notwendig erachten, wird das Projekt verlängert. Das Projekt findet jeden Montag von 10.00–11.40 Uhr statt. Die beiden Projektstunden werden als »Soziale Lernstunden« herangezogen. Auf die kleine Pause dazwischen wird verzichtet.

7 Leitfaden fürs Rollenspiel: »Spielende Kinder versetzen Berge!«

- Soll das Projekt mit Hilfe des SDQs (Fragebogen zur Erfassung des Schüler*innen Verhaltens) evaluiert werden? Wird die Evaluation von der Projektleitung übernommen oder soll sie durch den Spiellernraum out gesourct werden?
  Das Projekt soll durch den Elternfragebogen vor Projektbeginn und nach dem Ende evaluiert werden, die Studentin übernimmt diese Aufgabe. Der Spiellernraum wird dazu nicht benötigt.
- Sollen die Projekteinheiten mit Fotos festgehalten werden und wenn ja, wer übernimmt das Fotografieren?
  Die Studentin übernimmt das Fotografieren und die Einverständniserklärungen der Eltern müssen vorher eingeholt werden (siehe Formular im Anhang).
- Wie werden die Eltern über das Projekt informiert? Findet ein Elternabend statt oder erhalten die Eltern einen Elternbrief, den Elternfragebogen inklusive der Einverständniserklärung entsprechend der DSVG (Datenschutzverordnung) für die Fotos?
  Die Klassenlehrerin und die Begleitlehrerin haben beschlossen, dass sie den Eltern einen Elternbrief inklusive Einverständniserklärung und Elternfragebogen zukommen lassen.
- In welchem Rahmen findet nach den Projekteinheiten der Abschluss des Projektes statt? Soll es eine Abendveranstaltung mit Buffet für Eltern, Schüler*innen und Lehrer*innen geben oder soll der Abschluss lediglich nach der letzten Stunde unter Einbeziehung der Eltern erfolgen?
  Da es keinen Informationsabend für Eltern gibt, will die Projektleitung einen Abschlussabend organisieren. Die Eltern werden gefragt, ob sie etwas fürs Buffet beisteuern können. In diesem Rahmen werden die Fotos gezeigt, das Projekt reflektiert und die Kinder mit Urkunden und Medaillen geehrt. Auf den Abschlussabend wird in einem nachfolgenden Kapitel näher eingegangen.
- Wer schreibt die Urkunden für die Kinder und besorgt die Medaillen?
  Die Begleitlehrerin Frau L. wird die Urkunden schreiben und die Medaillen besorgen. Jede Urkunde enthält die Spielrollen der Kinder mit den Spielnamen.

- Welche Beziehungsstiftende Geschichte wird als Anfangsgeschichte gewählt?
  Die Leitung entscheidet sich für die Schulgeschichte »Der Luxusliner«. Diese Geschichte eignet sich gut als Anfangsgeschichte, weil sie innerhalb der unterschiedlichen Spielszenerien viele Freiheiten offen lässt.
- Wer übernimmt die laufenden Projektdokumentationen?
  Die schriftlichen Dokumentationen werden abwechselnd von der Studentin und der Begleitlehrerin übernommen (siehe Kapitel Dokumentation).
- Wann findet die kurze Reflexionseinheit des Spiels mit der Projektleitung/Klassenlehrerin statt? In diesem Rahmen wird auch die weitere beziehungsstiftende Geschichte ausgewählt.
  Die Rollenspielleiterinnen finden es sinnvoll, sofort nach Beendigung der Projekteinheit um 11.50 Uhr ca. 10 Minuten für die Nachbearbeitung zu verwenden. Die Klassenlehrerin ist als wertvolle Impulsgeberin mit dabei.
- Wie geht es der Klasse ein halbes Jahr nach dem Projekt im Hinblick auf die Projektziele – Nachhaltigkeitsfrage des Projekts?
  Bei diesem Punkt geht es bewusst darum, sich nach einem halben Jahr erneut die Projektziele und deren Effizienz anzuschauen. Die Frage der Projektwiederholung darf gestellt werden.

Nun sind alle Fragen laut Checkliste beantwortet. Im nächsten Schritt werden die Projektziele für die Klasse 1b bestimmt.

Die Projektziele

Das *Hauptziel* der Projektleitung ist die soziale und emotionale Kompetenzstärkung der Klassengemeinschaft unter spezieller Berücksichtigung von Florian, Aron und Kathrin. Die drei Kinder machen der Klassenlehrerin ein wenig Sorgen, weil sie in der Klasse jeweils eine Außenseiterrollen bzw. die Rolle des Mitläufers inne haben. Der Projektzeitpunkt ist sehr günstig, weil sich die Kinder erst einen Monat kennen und die Klassenrollenstruktur sich noch nicht allzu sehr verfestigt hat.

Allgemeine Projektziele sind:

- Die Potentiale der Kreativität und der Spontanität durch die Spiele in den Schüler*innen wecken.
- Die Verbesserung der Beziehungen zwischen den Schüler*innen durch die Einnahme unterschiedlicher Rollen (Rollenflexibilität).
- Die Erweiterung des Rollenrepertoires in Bezug auf die Klassenrollen.
- Die Förderung der Gruppenkohäsion (= Zusammenhalt und Bindung der Kinder an die Klasse) und dadurch eine Verbesserung der Klassengemeinschaft und die Stärkung des Wir-Gefühls zu erreichen.
- Die positiven Spielerfahrungen in anderen Unterrichtseinheiten im Sinne eines fächerübergreifenden Unterrichts zu verarbeiten. Beispiel: *eine Geschichte über das beste Spiel in Deutsch schreiben, im Zeichenunterricht Bilder malen, im Sachunterricht mehr über die Ritterburgen erfahren etc.*.

Als *Feinziele* werden bestimmt:

- Das Selbstwertgefühl speziell von Florian, Aron und Kathrin stärken mit dem Fokus auf die Klassengemeinschaft.
- Die Verbesserung der sozialen und emotionalen Fähigkeiten von Florian, Aron und Kathrin durch spezielle Spielrollen fördern.
- Die Klassenlehrerin erhält durch den Perspektivenwechsel in ihrer Spielrolle die Chance, die Schüler*innen anders zu sehen.

Vielleicht wird jetzt die eine oder andere Leserin durch die Mehrarbeit der Projektvorbereitungen entmutigt und stellt sich die berechtigte Frage, wozu soll man sich das alles antun. Das Erlernen einer neuen Methode ist anstrengend – der große, unbezwingbar erscheinende Berg liegt vor einem und je mehr im Kopf darüber analysiert wird, wie dieser Berg bestiegen werden soll, was alles dazu gebraucht wird etc., umso mehr Fragen tauchen auf. All die Fragen können schließlich ein Hinderungsgrund dafür sein, den Berg zu besteigen. Selbstverständlich ist es notwendig, sich entsprechend auf eine Bergbesteigung vorzubereiten, aber im zweiten Schritt ist es entscheidend, loszugehen! Das Ziel liegt bekanntlich im Gehen. All die berührenden körperlichen, sozialen und emotionalen Erfahrungen beim Gehen könnten nicht gemacht werden, wenn die Wanderung nur im Kopf vollzogen wird. So verhält es auch mit den Rollenspielen. Bei der Durchführung werdet ihr viele zauberhafte Erfahrungen mit den einzelnen Kindern sammeln. Ab und zu wird es während des Projektes notwendig sein, einen Ortskundigen nach dem Weg zu fragen. Der Spiellernraum kann in dieser Rolle weiterhelfen. Er gibt Impulse, um bestärkt und motiviert weiterzugehen und die eigenen Erfahrungen zu machen. Der Projektrucksack ist nun bald gepackt. Als letzter Schritt sollen jetzt noch SDQ, Soziometrie und Projektdokumentation erklärt werden.

Dokumentationen und SDQ

»*Das Spiel ist die höchste Form der Forschung!*« Albert Einstein

Die Hauptfrage des Schulprojekts lautet, ob durch die ressourcenstärkende Methode des pädagogischen Rollenspiels positive Veränderungen im sozialen und emotionalen Verhalten der Schüler*innen ersichtlich werden insbesondere bei den drei Protagonist*innen.

Als Messinstrumente dafür sollen die laufenden Projektdokumentationen, die Klassenrollen, die Soziometrie und der SDQ Elternfragebogen herangezogen werden. Ich stelle hier die möglichen Dokumentationsarten vor, die jedoch je nach Ressourcen der Leitung wahlweise bei der Projektdurchführung eingesetzt werden können. Diese Messinstrumente stellen lediglich einen Versuch dar, der emotional-sozialen Entwicklung der Klassendynamik eine sichtbare Form zu geben.

Die Dokumentationen

Jede Projekteinheit wird auf folgende Weise dokumentiert:

* *Schritt 1:* Während eine Projektleiterin mit der Rollenverteilung der Kinder beschäftigt ist, schreibt die andere zu jedem Kind die Rollenwahl, den Rollennamen und die dazu benötigten Utensilien auf. In der Feedback- und Sharingphase wird die Rückmeldung der Schüler*innen, was am besten in ihrer Rolle war, dazu ergänzt. Diese Art der Dokumentation wird im Psychodrama als *Rollenmatrix* bezeichnet, und sie ist im Buchanhang beigefügt. Anbei ein Beispiel dafür.

Beispiel Rollenmatrix: 1. Spiel: Luxusliner Queen Mary

Name	Rolle	Besonders gefallen hat:
S1 Bub	**Erfahrener Polizist Simon**, der beste überhaupt, braucht ein Gewehr, Munition und Handschellen.	Am besten war, dass ich den blinden Passagier fesselte und ihm ins Bein schoss.
S2 Mädchen	**Berühmte Influencerin Maya**, die auf dem Luxusliner Urlaub macht. Sie signiert vielleicht auf der Showbühne Autogramme.	Die Autogramme und das gemeinsame Essen im Restaurant waren lustig.
S3 Bub	**Bekannter Komponist Mozart**, der seine Geige mitbringt.	Am besten hat mir mein Auftritt gefallen.

* *Schritt 2:* In der Nachbesprechung wird das Spiel vom Projektteam reflektiert und dabei folgende Punkte im *Projektprotokoll* schriftlich festgehalten: Das Spielthema, die Ziele, die Spielphasen, die Klassendynamik, die Beobachtungen der Protagonistinnen (auch in Bezug auf ihre Klassenrollen im Spiel), die Arbeitshypothesen und das nächste Spielthema. Das Formular dazu ist im Anhang zu finden. Gerade für Neueinsteigerinnen ins pädagogische Rollen-

spiel ist es ratsam, das nachfolgende Reflexionsinstrument zur Übung einzusetzen. Durch das Aufschreiben der Spielbeobachtungen (keine Interpretationen!) wird eine Distanzierung in Bezug auf die Schüler*innen ermöglich. Die Klassendynamik und die Kinder in ihren Schlüsselrollen gilt es im Blickfeld zu bewahren!

* *Schritt 3:* Die *soziometrische Frage* am Spielende: Die Soziometrie ist, wie bereits erwähnt, ein Teilgebiet des Psychodramas. Die Soziometrie ist ein hilfreiches Verfahren, das soziale Beziehungen misst und diese sichtbar macht. In unserem Schulprojekt wird lediglich nach der Feedback- und Sharingphase den Kindern die soziometrische Frage gestellt, ob sie in der jeweiligen Projekteinheit mit jemandem gespielt haben, mit dem sie im Schulalltag wenig oder nichts zu tun haben. Es zeigen diejenigen Schüler*innen auf, die diese Frage mit Ja beantworten können. Dokumentiert wird es folgendermaßen:

1. Spieleinheit von 10.00 bis 11.40 Uhr	Spielthema	anwesend	JA	NEIN
Spieleinheit 1: 4.10.2021	Luxusliner	16	10	6

Der SDQ-Elternfragebogen

Der SDQ-Fragebogen dient zur Erfassung von Stärken und Schwächen bei Kindern und Jugendlichen im Alter von 4 bis 16 Jahren. Er wurde 1997 vom englischen Kinderpsychiater Robert N. Goodman entwickelt und definiert fünf Themenbereiche – die emotionalen Probleme, die Verhaltensprobleme, die Hyperaktivität, die Verhaltensprobleme mit Gleichaltrigen und das prosoziale Verhalten (Goodman, 2012). Der SDQ umfasst einen Selbstbeurteilungsfragebogen für Schüler*innen ab 11 Jahren und einen Fremdbeurteilungsfragebogen für Lehrer und Eltern. Der SDQ-Fragebogen ist kostenlos online verfügbar (unter www.sdqinfo.com).

7 Leitfaden fürs Rollenspiel: »Spielende Kinder versetzen Berge!«

Für das Schulprojekt mit der Klasse 1b wird lediglich der Elternfragebogen verwendet, der im Anhang zu finden ist. Der Elternfragebogen besteht aus den fünf oben genannten Schwerpunkten, die jeweils fünf Fragen beinhalten. Diese können von den Eltern in drei Kategorien beantwortet werden: nicht zutreffend, teilweise zutreffend oder eindeutig zutreffend. Beispiele für die fünf Fragebogenschwerpunkte sind:

1. *Emotionale Probleme* – erfasst den emotionalen Zustand des Kindes
   Beispiel: Teilt gerne mit anderen Kindern (Süßigkeiten, Spielzeug, Buntstifte usw.)
2. *Verhaltensprobleme* – zeigt das Verhalten des Kindes auf
   Beispiel: Einzelgänger, spielt meist alleine
3. *Hyperaktivität* – gibt einen Hinweis in Bezug auf das Aktivitätsniveau des Kindes
   Beispiel: Ständig zappelig
4. *Verhaltensprobleme mit Gleichaltrigen* – weist auf die Kontaktfähigkeit des Kindes und seine sozialen Kompetenzen in Bezug auf Gleichaltrige hin
   Beispiel: Hat wenigstens einen guten Freund oder eine gute Freundin
5. *Prosoziales Verhalten* – erfasst einen Teil der sozialen und emotionalen Kompetenzen
   Beispiel: Kommt besser mit Erwachsenen als mit Kindern aus.

Die Eltern erhalten vor und nach dem Projekt einen Fragebogen. Durch die Erhebung soll ersichtlich werden, ob die fünf Rollenspieleinheiten eine Veränderung zeigen in Bezug auf das sozial-emotionale (prosoziale) Verhalten in der Klasse. Das Spiellernraumteam kann auf Anfrage eine Projektevaluierung mit allen drei Fragebögen durchführen.

7.2 Projektdurchführung

Am 4.10.2021 starten Frau Z., Frau L. und die Studentin mit der Klasse 1b das Schulprojekt. Der Elternbrief mit den Einverständniserklärungen wurde im Vorfeld verschickt und die Fragebögen verteilt. Die meisten davon hat die Studentin bereits von den Eltern erhalten. Somit steht einer gelingenden Umsetzung nichts mehr im Wege, außer dass sich eine gewisse Nervosität bei allen Beteiligten breit macht. Das gehört dazu und ist selbst bei den berühmtesten Schauspielern vor der Premierenvorstellung keine Seltenheit.

In den nachfolgenden Kapiteln wird auf die fünf Projekteinheiten, die beziehungsstiftenden Geschichten, die Aufgaben und Ziele der drei Kinder mit den besonderen Rollen und Bedürfnissen näher eingegangen. Der Einfachheit halber wird lediglich die Rollenmatrix von Kathrin, Florian und Aron angeführt.

Projekteinheit 1

Als erste Schulgeschichte wird das »Luxuslinerspiel« ausgewählt. Dieses Spiel zeichnet sich einerseits durch den klaren Rahmen aus – alle befinden sich auf einem Schiff. Andererseits lässt die Geschichte von der Struktur her viele Möglichkeiten für die Kreativitäts- und Spontanitätsentwicklung der Kinder in ihren Rollen offen. Im Gegensatz zu anderen Schulgeschichten gibt das Luxuslinerspiel keine konkreten Rollen vor, sie obliegen einzig und alleine den Schülerinnen. Das Spiel eignet sich ideal für die Abbildung der Gruppendynamik in der Klasse.

	Luxusliner, 4.10.21
Thema	Luxusliner »Queen Mary«, ein berühmtes Kreuzfahrtschiff, macht mit den bekanntesten Persönlichkeiten aus Sport, Politik und Medien eine Mittelmeerkreuzfahrt. An Bord befindet sich auch

7 Leitfaden fürs Rollenspiel: »Spielende Kinder versetzen Berge!«

	Luxusliner, 4.10.21
	ein blinder Passagier, der den Persönlichkeiten ihre Wertgegenstände stiehlt. (Der blinde Passagier ist immer eine Erwachsene, die Kinder dürfen nicht wissen, wer es ist).
Aufgabe	Gemeinsam müssen die Schiffscrew und die bekannten Persönlichkeiten den blinden Passagier ausfindig machen und bestimmen, was mit ihm geschieht.

Das Premierenspiel verlief im Großen und Ganzen gut und alle Schülerinnen*er waren ausnahmslos begeistert. Gleich am nächsten Tag wurde die Klassenlehrerin mehrfach gefragt, ob nicht jeder Tag ein Projekttag sein kann.

Schritt 1: Rollenmatrix Luxusliner

Name	Rolle	Besonders gefallen hat:
Florian im Spiel in der CR	**Erfahrener Kapitän Kirk**, der beste überhaupt, braucht eine Kapitänsmütze, ein Steuerrad und ein Mikrophon, um Durchsagen zu tätigen.	Als ich gemeinsam mit dem Detektiv den blinden Passagier gefunden habe und die Behausung, das war am besten.
Aron im Spiel in der CR	**Kluger Schiffsdetektiv Julian**, der eine Lupe und ein Spezialgerät für die Spurensicherung braucht	Am besten hat mir gefallen, als ich gemerkt habe, dass die Masseurin die blinde Passagierin war, als sie dem Koch Geld gestohlen hat und ich es dem Kapitän erzählt habe.
Kathrin im Spiel in MR und dann in CR	**Berühmte Sängerin Lena**, die auf der Showbühne auftritt und Autogramme gibt. Sie hat viel Geld und schöne Kleider.	Mein Auftritt hat mir am besten gefallen, wie ich für alle Gäste gesungen habe und die Massage.

Schritt 2: Projektprotokoll

Schulgeschichte 1, Luxusliner Queen Mary, 4.10.21

Anwesende Schüler*innen: alle 16 Schüler*innen waren anwesend

Rollen Leitung/Klassenlehrerin: Begleitlehrerin Frau L: Masseurin Jenny (blinder Passagier), **Studentin:** Küchenhilfskraft Carola, **Klassenlehrerin:** Steward Gregor

Ziele/Inhalte/Themen der Projekteinheit (Stichworte)
Klassenthema: Stärkung des Wir-Gefühls, Integration der Außenseiter
Ziele: Förderung der sozial-emotionalen Kompetenzen, Stärkung der Klassengemeinschaft, Bewunderung – Selbstwertstärkung. Florian, Aron und Kathrin erhalten Schlüsselrollen, um ihren Wert im Spiel für die Klassengemeinschaft hervorzuheben.

Erwärmungs- und Rollenverteilungsphase: Gegenstände vorstellen, die auf die Geschichte hinweisen, erzählen der beziehungsstiftenden Geschichte (Frau L.): Luxusliner mit berühmten Persönlichkeiten mit blindem Passagier, Schüler*innen wählen sich ihre Rollen aus, Studentin dokumentiert Rollenmatrix. Vor der Aufbauphase werden die Plätze für die Szenerie von der Leitung festgelegt.

Aufbauphase: Luxusliner wird mit Materialien aufgebaut, die Projektleitung und die Lehrerin begleiten jeweils in ihrer Rolle den Kulissenaufbau der Kinder. Die Kajüten und Schlafplätze, Küche, Restaurant, Kommandobrücke, Fitnessstudio, Showbühne, Pool, Massagestudio werden errichtet. Die Kulisse wird von den jeweiligen Kindern erklärt.

Spielphase: Der Kapitän begrüßt die Gäste, das Küchenpersonal bereitet das Frühstück vor und bewirtet die zahlreichen Persönlichkeiten. Die Sportlerinnen trainieren im Fitnessstudio, andere Gäste schwimmen im Pool, einige Sängerinnen und die feine Dame wünschen sich ein Konzert: Mozart spielt mit seiner Geige und Charly Chaplin tanzt auf der Bühne. Manuel Neuner und Snoop Dog eröffnen einen türkischen Bazar. Nach und nach entsteht Verwunderung über verschwundene Gegenstände, Schmuck und Handtaschen. Die Gäste lassen sich von der Küchenhilfskraft (Studentin) ermutigen, die Vorfälle zu melden.
Der Kapitän und der Matrose beauftragen den Detektiv und der Kapitän informiert durchs Mikrophon die Gäste. Der Kommissar mit Unterstützung von Shakira, Charly Chaplin, Mozart und weiteren Gästen konfisziert dann die Handtasche von Jenny. Auch die Kajüte wird untersucht und die Diebin überführt. Es war die Masseurin Jenny. Sie wird nach Abstimmung mit allen Passagieren im nächsten Hafen der Polizei übergeben.

Klassendynamik: im Hinblick auf die Diebstähle zeigt sich auf dem Luxusliner anfänglich eine gewisse Irritation, Unsicherheit und eine relativ starke Angepasstheit der meisten Schiffsreisenden. Es wird aufgrund der mangelnden Struktur etwas chaotisch. Obwohl schon bald einige die Masseurin vermuten (oder sie auch beobachtet haben), braucht es relativ lange, bis die Reisenden diese Informationen melden. Dazu benötigen sie die Unterstützung und Ermutigung der Erwachsenen in ihren Rollen. Durch die Hilfs-Ich-Rolle der Klassenlehrerin übernimmt der Kapitän seine verantwortungsvolle Aufgabe und informiert die Schiffsgesellschaft mit dem Mikrophon. Aron und Florian ergreifen die Initiative zur Durchsuchung des Massagestudios. Daraufhin beteiligen sich immer mehr an der Durchsuchung und schließlich an der Überführung der Diebin und blinden Passagierin.

Beobachtungen Protagonist*innen:

Kathrin: Überforderung wird schnell sichtbar. *Rollenwahl:* trotz Hilfestellungen braucht sie sehr lange, sich für eine Rolle und einen Namen zu entscheiden; *Aufbauphase:* ändert Rolle noch einmal von der Schauspielerin zur Sängerin, wirkt desorientiert, unorganisiert, findet trotz Hilfestellungen keinen Platz, keine Verkleidung, wirkt unzufrieden; lässt sich dann in der Behausung der Masseurin (Lehrerin Frau L.) nieder und findet sich durch Hilfs-Ich-Rolle von Frau L. in ihrer Rolle ein, knüpft Kontakte und tritt sogar auf der Showbühne auf.

Aron und **Florian:** bauen eine gemeinsame Behausung auf und sie bleiben die meiste Zeit des Spiels zusammen, ergreifen die Initiative bei der Festnahme der blinden Passagierin, nehmen eine mutige Vorreiterrolle ein!

Arbeitshypothesen:

Um beim nächsten Spiel mehr Struktur in die Klasse hineinzubringen, wird die Schulgeschichte der Bergexpedition gewählt. Dadurch rückt das gemeinschaftliche Erleben beider Gruppen (Forscherteam und Krankenhausteam) mehr in den Vordergrund. Besonderes Augenmerk wird auf Kathrin, Aron und Florian gelegt.

Nächstes Spielthema:

=> Bergexpedition (miteinander verbunden sein, aufeinander aufpassen), mit Hindernissen (Wind, Lawine,...) umgehen lernen

7.2 Projektdurchführung

Schritt 3: Soziometrische Frage: Habe ich heute mit jemandem gespielt, mit dem ich sonst nicht so viel zu tun habe?

1. Spieleinheit von 10.00 bis 11.40 Uhr	Spielthema	anwesend	JA	NEIN
Spieleinheit 1: 4.10.2021	Luxusliner	16	10	6

Resümee 1. Supervisionsstunde mit dem Spiellernraumteam am 6.10.21: In der Supervision über die erste Spieleinheit wurde auf Wunsch der Projektleitung (ohne Klassenlehrerin) Fragen in Bezug auf die Klassendynamik besprochen und eine Klassenskulptur aufgestellt. Laut Wahrnehmung der Leitung zeigte sich bei vielen Kindern im Spiel eine Veränderung in den bestehenden Klassenrollen. Zum Beispiel konnte sich S13, der Klassenclown, in der Chefkochrolle als Versorger ausprobieren. Kathrin, Florian und Aron wurden in ihren Schüsselrollen von den anderen Kindern positiv wahrgenommen. In Übereinstimmung mit der Spielleitung wurde als nächste Schulgeschichte die Bergexpedition gewählt. Diese Geschichte gibt eine klare Struktur vor.

Projekteinheit 2

Bei der Schulgeschichte »Bergexpedition« ist die Spielhandlung ganz klar vorgegeben. Die Herausforderung für die Leitung ist lediglich, die beiden Hauptspielszenen zeitlich gut aufeinander abzustimmen. Während nämlich die Forscherinnen sich auf die Bergbesteigung vorbereiten und auf den Weg zum Gipfel machen, muss inzwischen das Krankenhausteam beschäftigt werden. Eine Leiterin kann zum Beispiel in der Rolle der ungeschickten Inspektorin das Krankenhaus besichtigen und sich während dessen den Fuß brechen. Somit bekommen alle im Krankenhaus Tätigen solange eine Aufgabe, bis der Lawinennotruf abgeht und die Verschütteten geborgen werden.

7 Leitfaden fürs Rollenspiel: »Spielende Kinder versetzen Berge!«

Spieleinheit 2	Bergexpedition, 11.10.21
Thema	Die weltbesten Forscher/innen besteigen gemeinsam den Mount Everest, um Heilsteine zu finden. Bisher hat es kein Expeditionsteam jemals geschafft. Die Bergsteiger werden, kurz nachdem sie die Heilsteine gefunden haben, von einer Lawine verschüttet und müssen vom Krankenhausteam gerettet und versorgt werden.
Aufgabe	Die Forscher sollen gemeinsam die Heilsteine finden, und das Krankenhausteam rettet alle Bergsteiger und verarztet mit den gefundenen Heilsteinen die Verletzten. Am Ende der Geschichte ehrt der Minister von Nepal, begleitet durch ein Kamerateam, alle am Projekt Beteiligten.

Schritt 1: Rollenmatrix Bergexpedition

Name	Rolle	Besonders gefallen hat:
Florian im Spiel in der CR	**Bergsteiger Paul** aus Österreich, der sich gut mit Edelsteinen auskennt und die Bergsteigertruppe anführt, braucht eine Lupe und einen Pickel	Mir hat am besten gefallen, als wir gemeinsam auf den Berg gestiegen sind und ich die Heilsteine gefunden habe.
Aron im Spiel in der CR	**Chefchirurg Dr. Müller**, der gut Brüche operieren kann, braucht OP-Geräte, Spritzen und Medikamente	Am besten hat mir gefallen, als ich die Inspektorin operiert habe. Die ist mir auf die Nerven gegangen, weil sie andauernd so laut gejammert hat.
Kathrin im Spiel in der CR	**Amerikanische Bergsteigerin Lucy**, die auch Ärztin ist und den Notruf mitnimmt, sie benötigt Verbände, Spritzen	Am besten war, dass ich noch den Notruf abgeben konnte, bevor die Lawine kam. So haben alle Bergsteiger überlebt und konnten gerettet werden.

Schritt 2: Projektprotokoll

Schulgeschichte 2, Bergexpedition, 11.10.21

Anwesende Schüler*innen: alle 16 Schüler*innen waren anwesend

Rollen Leitung/Klassenlehrerin: Begleitlehrerin Frau L: hysterische Inspektorin Frau Troy, die das Krankenhaus durchcheckt, **Studentin:** Sherpa Jusuf beim Expeditionsteam, später Rollentausch in Kameramann, **Klassenlehrerin:** Leiterin des Basislagers und Minister von Nepal, ebenso für die Lawine zuständig.

Ziele/Inhalte/Themen der Projekteinheit (Stichworte)
Klassenthema: Stärkung des Wir-Gefühls, Integration der Außenseiter
Ziele: Förderung der sozial-emotionalen Kompetenzen, Stärkung der Klassengemeinschaft, Bewunderung – Selbstwertstärkung. Florian, Aron und Kathrin erhalten Schlüsselrollen, um ihren Wert im Spiel für die Klassengemeinschaft hervorzuheben.

Erwärmungs- und Rollenverteilungsphase: Gegenstände vorstellen, die auf die Geschichte hinweisen, erzählen der beziehungsstiftenden Geschichte (Studentin): Bergexpedition auf den Mount Everest. Frau L. dokumentiert Rollenmatrix. Vor der Aufbauphase werden die Plätze für die Szenerie von der Leitung festgelegt.

Aufbauphase: Mount Everest mit dem Weg und den Heilsteinen (versteckt), das Basislager und das Krankenhaus werden mit Materialien aufgebaut, Frau L. als Inspektorin unterstützt den Krankenhausaufbau, die Studentin als Sherpa hilft die Route zum Mount Everest aufzubauen und versteckt die Heilsteine, die Klassenlehrerin baut das Basislager auf und bereitet weiße Tücher vor, die dann später als Lawine dienen. Die Kulisse wird von den jeweiligen Kindern erklärt.

Spielphase: **Schauplatz 1:** die Leiterin des Basislagers begrüßt ganz herzlich die Forschertruppe und serviert ihnen vor dem Aufstieg ein stärkendes Frühstück. Gleichzeitig warnt sie das Team, weil das Wetter umschlagen würde. Trotzdem lassen sich die berühmten Forscher nicht von ihrem Tourplan abbringen. Sie beginnen mit den Vorbereitungen und seilen sich alle aneinander an, gilt es doch tiefe Gletscherspalten und ewiges Eis zu überwinden. Die amerikanische Bergsteigerin, die auch Ärztin ist, nimmt ein Notrufgerät mit, das sofort beim nahegelegenen das Alarmsignal auslöst.

Schauplatz 2: Im Krankenhaus beginnt ein neuer Arbeitstag. Für heute hat sich eine Inspektorin angekündigt, deren schlechter Ruf ihr schon vorauseilt. Sie ist eine strenge, hysterische Dame, die sehr penibel auf die klinischen und technischen Vorschriften achtet. Das Hubschrauberteam checkt noch die letzten Details und da ist sie schon – Frau Troy, die mit ihren Stöckelschuhen und mit strengem Blick alle Geräte und Ausstattungen inspiziert. Plötzlich fällt sie über einen OP-Schlauch und bleibt am Boden laut schimpfend liegen. Sie hat sich tatsächlich

7 Leitfaden fürs Rollenspiel: »Spielende Kinder versetzen Berge!«

einen komplizierten Knochenbruch zugezogen. Nun muss die laut schreiende Frau vom gesamten Team verarztet und notoperiert werden.

Schauplatz 1: Währenddessen hat die Expeditionsgruppe beinahe den Gipfel erreicht, als das Wetter umschlägt. Es beginnt zu donnern und zu blitzen. Der Gesteinsexperte kann gerade noch die Heilsteine ausfindig machen und die Ärztin den Notruf betätigen, als sich in Windeseile schlagartig eine Lawine vom Südhang löst. Alle kauern sich so gut es geht zusammen, werden sogleich von der Lawine erfasst und verschüttet.

Schauplatz 1+2: Die Notoperation von Frau Troy ist geglückt und sie ist gerade ins Zimmer verlegt worden, als der Notruf beim Hubschrauberteam eingeht. Sogleich setzen sie begleitet von 2 Notärzten ihren Hubschrauber in Bewegung und steuern auf den Südhang des Mount Everest zu, wo das Forscherteam verschüttet ist. Sofort finden sie die Truppe und können alle bergen. Einige sind schwer verletzt, andere haben Knochenbrüche oder Erfrierungen, sie müssen versorgt werden. Die Heilsteine dienen der Heilung der Verwundeten. Eine Stunde später ist dieses Ereignis schon zum nepalesischen Minister vorgedrungen, der sofort mit einem Kameramann vom Fernsehen zum Krankenhaus einfliegt, um diese Expeditionstruppe und auch das Krankenhausteam zu ehren. Dieses Ereignis wird in die ganze Welt übertragen – eine Sensation! So endet das heutige Spiel.

Klassendynamik: Heute ist es deutlich spürbar, dass die Kinder bereits vom ersten Spiel den Ablauf kennen und sie benötigen nicht mehr so viel Zeit wie beim letzten Spiel, die Kulisse aufzubauen. Der Spielleitung ist es sehr gut gelungen, die beiden Schauplätze zu koordinieren und somit konnte jeder Schauplatz gut ins Spiel finden. Die Begleitlehrerin spielte so authentisch die Rolle von Frau Troy, dass alle im Krankenhaus beschäftigt waren und keine Langeweile entstand. Beim angeseilten Forscherteam gab es trotz achtsamem Aufstieg ein paar Zwischenfälle – eine Bergsteigerin stürzte in eine Gletscherspalte und riss zwei andere mit, zwei Bergsteigerinnen wurden so schwer verletzt, dass sie nur knapp dem Tode entrannen und lange wiederbelebt werden mussten. Insgesamt kann gesagt werden, dass alle nach dem Spiel ziemlich müde, aber sehr glücklich nach Hause gingen.

Beobachtungen Protagonist*innen:

Kathrin: Im Gegensatz zur letzten Spieleinheit weiß sie sofort, dass sie die Bergsteigerin sein möchte und sie findet ganz selbstverständlich einen Platz im Basislager und kommt dadurch mit den anderen Mädchen in Kontakt. Das ist schön zu beobachten, dass ihr Kontaktbedürfnis in diesem Spiel befriedigt werden kann. Als sie dann noch den Notruf abgibt und dafür vom nepalesischen Minister gelobt wird, strahlt sie und alle applaudieren. Es ist gut zu beobachten, wie sie in ihrer Rolle wächst.

Aron: Als Chefchirurg Dr. Müller hat er im Krankenhaus alle Hände voll zu tun, zuerst mit der Inspektorin und danach mit den Verschütteten. Er erfährt im Spiel, wie wichtig er ist und ist gut mit seinem Team in Kontakt. Für die Lehrerin ist es spannend zu sehen, wie Aron im Spiel tatsächlich die Chefposition einnimmt und die Krankenschwestern und Pfleger ihn dabei unterstützen.

Florian: Als Anführer der Bergexpedition ist er in einer wichtigen Rolle. Er darf nicht zu schnell gehen und muss auf die anderen gut achten. Das macht er sehr gut und wird auch immer wieder vom Sherpa (Studentin) bestärkt. Dadurch wird Florian immer sicherer und zusehends zum Gruppenführer.

Arbeitshypothesen:

In der heutigen Spielgeschichte stand das Abenteuer- und Versorgungsthema im Mittelpunkt von 2 Geschichten, die zusammen zu einem Happy End führten. Diesen Zusammenhalt möchte die Leitung besonders mit der nächsten Geschichte bestärken – der Ritterburg. Besonderes Augenmerk wird auf Kathrin, Aron und Florian gelegt.

Nächstes Spielthema:

=> Ritterburg

Schritt 3: Soziometrische Frage: Habe ich heute mit jemandem gespielt, mit dem ich sonst nicht so viel zu tun habe?

Spieleinheit von 10.00 bis 11.40 Uhr	Spielthema	anwesend	JA	NEIN
Spieleinheit 2: 11.10.2021	Bergexpedition	16	12	4

Projekteinheit 3

Das Ritterburgspiel wird generell von den Kindern geliebt, weil sie da auch mal kämpfen dürfen und die Schwimmschlangen als Schwerter zum Einsatz kommen. Um aber auf einen gezielten Waffeneinsatz zu achten, braucht es einen Schwertmeister (Erwachsenenrolle), der die

Schwerter verwahrt und sie erst für die Übungskämpfe unter den Ritterinnen und Rittern im Spiel verteilt. In diesem Spiel braucht es zwei feindliche Ritter, die die große Ritterburg angreifen. Diese zwei Aggressor-Rollen dürfen lediglich von den Lehrerinnen eingenommen werden. Bis zum Angriff kann eine Lehrerin zuerst eine Rolle auf der großen Burg einnehmen und später in die feindliche Rolle wechseln. Das muss aber in der Rollenverteilungsphase klar angesprochen werden. Die feindlichen Ritter dürfen nicht zu früh die Burg angreifen, denn alle Burgbewohner sollen zuerst den Tag beginnen und ihren Tätigkeiten nachgehen können. Vorteilhaft ist, wenn die Klassenlehrerin eine Rolle in der Ritterburg besetzt.

Spieleinheit 3	Ritterburg, 18.10.21
Thema	Im Mittelalter wohnen die unterschiedlichsten Menschen wie König und Königin, Schmied, Gaukler, Burgwächter, Ritter, Burgfräulein etc. auf der reichsten Ritterburg im ganzen Land friedlich zusammen, bis feindliche Ritter durch eine List in die Burg eindringen und den Schatz stehlen wollen.
Aufgabe	Gemeinsam müssen die Burgbewohner mit dem König und der Königin den Schatz vor den Feinden schützen, ihre Burg verteidigen und gemeinsam beschließen, was mit den Bösewichten passiert.

Schritt 1: Rollenmatrix

Name	Rolle	Besonders gefallen hat:
Florian im Spiel in der CR	**Starker König Tizian**, der die Burg gemeinsam mit der Königin regiert. Er braucht einen Thron, eine Krone und ein Schwert zum Kämpfen.	Als ich gekämpft habe und wir gemeinsam die bösen Ritter ins Burgverlies sperrten.

7.2 Projektdurchführung

Name	Rolle	Besonders gefallen hat:
Aron im Spiel in der CR	**Starker Ritter Arthur**, der die Burg bewacht und sich mit dem König abspricht, benötigt ein Schwert, eine Ritterrüstung und ein Schild	Am besten hat mir gefallen, dass ich mit den Bösewichten gekämpft und sie besiegt habe.
Kathrin im Spiel in der CR	**Starke Prinzessin Sophia**, die Tochter des Königs, die sich mit ihren Schwestern ein Gemach teilt. Sie hat ein Schwert, eine Krone und einen Thron neben dem König	Mir hat am besten gefallen, wie ich mit meinen Schwestern gemeinsam unser Gemach aufgebaut habe und dann der Kampf.

Schritt 2: Projektprotokoll

Schulgeschichte 3, Ritterburg, 18.10.21

Anwesende Schüler*innen: alle 16 Schüler*innen waren anwesend

Rollen Leitung/Klassenlehrerin: Begleitlehrerin Frau L: skrupelloser Ritter Magnus, der alles unternimmt, um die große Burg zu erobern und den Schatz zu stehlen, **Studentin:** zuerst Diener Viktor auf der Burg, der dann die Seite wechselt und mit Magnus die Burg angreift, **Klassenlehrerin:** Schwertmeister und Diener Hugo

Ziele/Inhalte/Themen der Projekteinheit (Stichworte)
Klassenthema: Stärkung des Wir-Gefühls, Integration der Außenseiter
Ziele: Förderung der sozial-emotionalen Kompetenzen, Stärkung der Klassengemeinschaft, Bewunderung – Selbstwertstärkung. Florian, Aron und Kathrin erhalten Schlüsselrollen, um ihren Wert im Spiel für die Klassengemeinschaft hervorzuheben.
Erwärmungs- und Rollenverteilungsphase: Gegenstände vorstellen, die auf die Geschichte hinweisen, erzählen der beziehungsstiftenden Geschichte (Frau L.): Ritterburg mit ihren Burgbewohnern, Schüler*innen wählen sich ihre Rollen aus, Studentin dokumentiert Rollenmatrix. Vor der Aufbauphase werden die Plätze für die Szenerie von der Leitung festgelegt. Die Kulisse wird von den jeweiligen Kindern erklärt.

7 Leitfaden fürs Rollenspiel: »Spielende Kinder versetzen Berge!«

Aufbauphase: Die Kinder bauen mit der Klassenlehrerin und der Studentin die Burg auf, die Begleitlehrerin sorgt für den Kulissenaufbau des neidischen Ritters. Jeder schafft sich seinen eigenen Bereich innerhalb der Burg (Küche, Schlafgemächer, Thron, Hundeschlafplätze, Pferdestall, Ritterschlafplätze an der Burgmauer…). Gemeinschaftlich wird ein Kerker gebaut.

Spielphase: Das friedliche Leben in der Burg beginnt, es gibt Massagen, Schaukämpfe, Auftritt der Prinzessin Mirabell. Der böse Ritter beobachtet das fröhliche Treiben neidisch. Die Ritter bewachen die Burg sehr gut, daher versucht der böse Ritter später mit Tricks und Vorwänden in die Burg zu kommen (Stoffe verkaufen, hineinschleichen, lügen …). Nach dem ersten Eindringen wird er im Schwertkampf und von den Hunden überwältigt. Beim Kampf hält der ganze Hofstaat zusammen. Sie geben ihm nochmals eine Chance und er flieht gemeinsam mit dem Diener Viktor, der die Seite wechselt. Gegen Abend greifen diese beiden Schurken abermals die Burg an. Sie werden von den Burgbewohnern gefesselt und in den Kerker gesperrt. Schließlich werden die Eindringlinge begnadigt, obwohl sie lügen und sehr unverschämt sind (sie verlangen Bier, Schoko-Sahne-Torte und Geld). Kaum sind sie frei, versuchen sie es mit einem neuen Trick. Sie werden wieder in den Kerker gesperrt. So endet das heutige Spiel.

Klassendynamik: Manche Kinder wollen heute lieber ein Tier spielen. So gibt es auf der Burg einen Wachhund, zwei Pferde und eine Katze. Die Kinder organisieren sich in ihren Rollen sehr gut. Es fällt auf, dass die Kinder sehr angepasst sind. Sie sind z. B. zu den unverschämten Eindringlingen im Kerker immer noch sehr nett und würden alle ihre Wünsche erfüllen (Sahnetorte, Bier, Geld …) Erst nachdem der Schwertmeister seine Bedenken äußert, geben sie den Eindringlingen doch kein Geld.

Beobachtungen Protagonist*innen:

Kathrin: Beim Definieren ihrer Rolle zeigt sie sich heute schon sehr sicher. Sie baut mit zwei anderen Mädchen gemeinsam ihr Zimmer auf und die drei Prinzessinnen, die auch Schwestern sind, haben es sehr lustig miteinander. Zudem versucht sie sich im Übungskampf und kämpft engagiert mit, als die Angreifer kommen. Es ist schön zu beobachten, wie Kathrin ihre Stärke im Spiel ausleben kann.

Aron: Er nimmt seine Rolle sehr ernst, bewacht die Burg auffallend gut und lässt die Bösewichte nicht aus den Augen. Er ist derjenige, der immer wieder mit dem König in Verbindung tritt und ihn vor den Angreifern warnt.

Florian: Wählt heute wieder die mächtige Rolle des Königs aus, er ist ein sehr sozialer König, der den Bösewichten eine zweite Chance gibt, obwohl sie so unverschämt sind. Die Klassenlehrerin in der Rolle des Schwertmeisters ermutigt den König, härter durchzugreifen und sich nicht alles gefallen zu lassen, was ihm am Ende auch gelingt.

Arbeitshypothesen:

Die Kinder sollen weiterhin in ihrem Selbstbewusstsein und im Klassenzusammenhalt bestärkt werden, nächstes Mal aber ohne Außenfeind oder Kampf. Sie sollten wieder zusammen eine Aufgabe bewältigen, die eine kreative, gemeinsame Lösung braucht. Daher wird für das nächste Mal das Spiel »Flugzeugabsturz« geplant.

Nächstes Spielthema:

=> Flugzeugabsturz

Schritt 3: Soziometrische Frage: Habe ich heute mit jemandem gespielt, mit dem ich sonst nicht so viel zu tun habe?

Spieleinheit von 10.00 bis 11.40 Uhr	Spielthema	anwesend	JA	NEIN
Spieleinheit 3: 18.10.2021	Ritterburg	16	12	4

Projekteinheit 4

Das Spielthema klingt ein wenig abschreckend, das Spiel selbst ist aber genau das Gegenteil. Es ist immer wieder spannend, wie kreativ die unterschiedlichen Klassen eine Lösung finden, um gerettet zu werden. Das Spiel ist für die Leitung einfach zu koordinieren, weil es nur eine gemeinsame Spielszene gibt. Die Klassenlehrerin und die Spielleiterinnen wählen in diesem Spiel Hilfs-Ich-Rollen aus, um die Kinder in ihren starken Rollen zu unterstützen. Dieses Spielthema eignet sich auch gut als Anfangsgeschichte für das erste Spiel.

7 Leitfaden fürs Rollenspiel: »Spielende Kinder versetzen Berge!«

Spieleinheit 4	Flugzeugabsturz, 25.10.21
Thema	Viele bekannte Persönlichkeiten mit Rang und Namen fliegen aus geschäftlichen Gründen oder um Urlaub zu machen mit der Boeing 595 von München nach Bali. In der Nähe von Bali muss der Pilot feststellen, dass sein Board-Computer ausgefallen ist. Kurz entschlossen macht er eine Notlandung vor einer kleinen Insel. Alle Flugzeuginsassen überleben.
Aufgabe	Es müssen zunächst die Verletzten versorgt und Essen und Trinken beschafft werden. Zusammen muss ein Plan geschmiedet werden, wie Hilfe organisiert werden kann, um nach Bali zu gelangen.

Schritt 1: Rollenmatrix

Name	Rolle	Besonders gefallen hat:
Florian im Spiel in der OR	Berühmter Fußballer Manuel Neuer, der in Bali ein wichtiges Match hat. Er gibt auch Autogramme, hat ein Handy und einen Koffer mit dabei.	Mir hat am besten gefallen, als ich mit meinen Kumpels gemeinsam das Feuer machte und wir dadurch gerettet wurden.
Aron im Spiel in der MR	Verlässlicher Co-Pilot Daniel, der gemeinsam mit dem Piloten das Cockpit überwacht. Er braucht einen Kopfhörer, ein Mikrophon und viele Überwachungsknöpfe mit dem Steuerknüppel.	Am besten hat mir das Cockpit gefallen, dass ich mit Alex aufgebaut habe. Es war lustig, als wir abstürzten und am Ende gerettet wurden.
Kathrin im Spiel in der OR	Normale, junge Frau Tina, die auf Bali Urlaub macht. Sie nimmt ihren Hula-Hup-Reifen mit und Strandbekleidung.	Am besten hat mir gefallen, wie ich gemeinsam mit den anderen die Weiterreise nach Bali organisierte und der Absturz war lustig.

Schritt 2: Projektprotokoll

Schulgeschichte 4, Flugzeugabsturz, 25.10.21

Anwesende Schüler*innen: alle 16 Schüler*innen waren anwesend

Rollen Leitung/Klassenlehrerin: Begleitlehrerin Frau L: ängstliche Passagierin Frau Schulze, die sich auch noch verletzt und Hilfe braucht, **Studentin:** Donald Trump, der alle mit seinem überheblichen Gehabe nervt, **Klassenlehrerin:** Stewardess Roswitha, die sich sehr bemüht um die Passagiere kümmert.

Ziele/Inhalte/Themen der Projekteinheit (Stichworte)
Klassenthema: Stärkung des Wir-Gefühls, Integration der Außenseiter
Ziele: Förderung der sozial-emotionalen Kompetenzen, Stärkung der Klassengemeinschaft, Bewunderung – Selbstwertstärkung. Florian, Aron und Kathrin erhalten Schlüsselrollen, um ihren Wert im Spiel für die Klassengemeinschaft hervorzuheben.

Erwärmungs- und Rollenverteilungsphase: Gegenstände vorstellen, die auf die Geschichte hinweisen, erzählen der beziehungsstiftenden Geschichte (Studentin): Flug mit der Boeing 595 von München nach Bali mit berühmten Persönlichkeiten. Kurz vor Bali muss der Pilot eine Notlandung aufgrund eines technischen Defekts vor einer kleinen Insel machen. Alle Flugzeuginsassen überleben, ein Plan muss zur Rettung gemeinsam geschmiedet werden, Schülerinnen*er wählen sich ihre Rollen aus, Frau L. dokumentiert die Rollenmatrix. Vor der Aufbauphase werden die Plätze für die Szenerie von der Leitung festgelegt.

Aufbauphase: Flugzeug mit dem Cockpit und die einsame Insel (Lehrerin) werden mit Materialien aufgebaut, es braucht klar abgesteckte Grenzen des Flugzeugs, jeder erhält einen Sitzplatz im Flugzeug, es dürfen auch Tiere mitfliegen. Die Kulisse wird von den jeweiligen Kindern erklärt.

Spielphase: Der Pilot und der Co-Pilot begrüßen zu Beginn des Spiels die Passagiere, die alle ihre Plätze eingenommen haben und informieren sie über die Flugbedingungen, Flugzeit, Wetter und wünschen allen einen guten Flug. Die Stewardess informiert die Passagiere über die Sicherheitsvorkehrungen. Danach wird eine feine Mahlzeit serviert. Die Stimmung an Bord ist hervorragend. Kurz vor Bali fällt der Bordcomputer aus und das Flugzeug muss vor einer kleinen Insel notlanden. Die meisten Passagiere überstehen die Notlandung gut, einige haben sich verletzt. Die Ärztin versorgt die Verletzten, während die anderen über eine hilfreiche Lösung beratschlagen. Schließlich haben der Fußballstar und die Urlauberin die Idee, ein großes Feuer zu machen, die Rauchzeichen werden gesehen und alle gerettet. So endet das Spiel.

Klassendynamik: Die Stimmung an Bord ist heiter und beschwingt, manche regen sich furchtbar über Donald Trump auf, wieder andere sind genervt von der

7 Leitfaden fürs Rollenspiel: »Spielende Kinder versetzen Berge!«

ängstlichen Urlauberin Frau Schulze, manchen ist es egal. Das Spiel erreicht den Höhepunkt, als der Pilot die Passagiere über die Notlandung informiert. Der Zusammenhalt danach ist unglaublich, es ist spürbar, dass die Kinder bereits mehrere Spielaufgaben gemeinsam bewältigt haben. Alle haben ihren Platz und keiner wird ausgeschlossen. Ohne Ausnahme sind alle beim Feuermachen mit dabei.

Beobachtungen Protagonist*innen:

Kathrin: Von der schüchternen Kathrin ist nichts mehr zu spüren. Sie unterhält an Bord die anderen Flugpassagiere mit ihren Scherzen und ist gut in der Klassengemeinschaft integriert. Sie und Florian als Manuel Neuer kommen gemeinsam auf die Idee, ein Feuer zu machen.

Aron: Er baut gemeinsam mit Alex ein sehr differenziertes Cockpit mit vielen technischen Geräten auf. Als Co-Pilot macht Aron sogar die Durchsage, dass das Flugzeug notlanden muss. Er ist auch durch die Einnahme der unterschiedlichen Spielrollen sichtlich gewachsen und hat an Selbstwert dazu gewonnen.

Florian: Als Fußballer Manuel Neuer verteilt er bereits stolz Autogramme, mit seinem Handy bekommt er immer wieder Anrufe, was seine Wichtigkeit unterstreicht. Auch bei Florian ist klar erkennbar, dass er durch seine Rollen die sozialen und emotionalen Fähigkeiten erweitern konnte. Er tritt sehr selbstsicher in seiner Rolle auf und erarbeitet die Lösungsidee.

Arbeitshypothesen:

Ein sehr gelungenes Spiel. Für die letzte Einheit wird nochmals das Bewunderungsthema in den Mittelpunkt gerückt. Das Zirkusspiel bietet die perfekte Bühne dafür! Besonderes Augenmerk wird auf Kathrin, Aron und Florian gelegt.

Nächstes Spielthema:

=> Zirkusspiel

Schritt 3: Soziometrische Frage: Habe ich heute mit jemandem gespielt, mit dem ich sonst nicht so viel zu tun habe?

Spieleinheit von 10.00 bis 11.40 Uhr	Spielthema	anwesend	JA	NEIN
Spieleinheit 4: 25.10.2021	Flugzeugabsturz	16	14	2

Resümee 2. Supervisionsstunde mit dem Spiellernraumteam am 5.11.21: In der zweiten Supervisionsstunde brachte die Projektleitung (ohne Klassenlehrerin) methodische Fragen ein im Hinblick auf das adäquate Doppeln und Spiegeln der Kinder. Die Lehrerin Frau L. und die Studentin waren sich oft unsicher in ihren Spielrollen und fragten sich, wie sie mehr Sicherheit gewinnen konnten. Die Fachfrau vom Spiellernraumteam erprobte mit ihnen im Rollenspiel Szenen wie zum Beispiel die folgende:

Frage Lehrerin L.: *Wie kann ich als ängstliche Passagierin Frau Schulze, die sich verletzt und Hilfe braucht, im Sinne der Kinder gut reagieren?*

Antwort durchs Rollenspiel: *Die ängstliche Passagierin muss bei auftretenden Unsicherheiten in ihrer Rolle das jeweilige Kind fragen, was es nun tun würde. Das Kind oder die Kinder geben meist klare Anweisungen im Sinne von »... du würdest jetzt ganz laut schreien«...*

Projekteinheit 5

Das Zirkusspiel eignet sich gut als Abschlussspiel. In diesem Spiel ist der Rahmen klar – die gemeinsame Aufführung. Davor muss die Struktur mit den Kindern gemeinsam erarbeitet werden und es stellen sich Fragen, wer zuerst auftritt, wer welche Einlage mit wem zum Besten gibt und ob die Zirkuskünstler Menschen oder lieber Tiere sind. Vieles wird in diesem Spiel möglich und doch ist die Bewunderung der Darstellenden das oberste Ziel. Zeitlich ist es für die Leitung ein wenig herausfordernd, dass alle proben und auftreten können. Bei der Aufführung nehmen diejenigen Kinder im Publikum Platz, die nicht mit ihrem Showprogramm an der Reihe sind oder gar nicht auftreten wollen. Diese Kinder können dann in eine Rolle einer wichtigen Persönlichkeit schlüpfen wie z. B. des Bürgermeisters. Dies kommt aber in der Regel sehr selten vor.

7 Leitfaden fürs Rollenspiel: »Spielende Kinder versetzen Berge!«

Spieleinheit 5	Zirkus Pfiffikus, 9.11.21
Thema	Viele unterschiedliche Artisten, Tiere, Zauberer und Feuerschlucker entführen die Zirkusbesucher in eine bunte, bezaubernde Zirkuswelt. Alle sind begeistert von der einzigartigen Vorstellung.
Aufgabe	Alle dürfen ihre Fähigkeiten vor einem breiten Publikum zum Besten geben, alleine oder in Gruppen, als Menschen oder als Tiere.

Schritt 1: Rollenmatrix

Name	Rolle	Besonders gefallen hat:
Florian im Spiel in der MR	**Großer, wilder, männlicher Löwe Luis**, der mit den anderen Löwen eine Löwennummer zum Besten gibt und durch einen Feuerreifen springt. Ein Löwenfell, Leckerlis und der Feuerreifen sind wichtig.	Als ich durch den Feuerreifen gesprungen bin und als wir alle gemeinsam die Zirkusnummer mit der Dompteuse eingeübt haben.
Aron im Spiel in der OR	**Der Zirkusdirektor Franz**, der für die Organisation zuständig ist und durchs Programm führt. Er braucht einen Hut, Mantel und ein Mikro.	Am besten hat mir gefallen, dass die Aufführung so gut geklappt hat und alle ihren Spaß daran hatten.
Kathrin im Spiel in der MR	**Berühmte Messerwerferin Lina**, die mit ihrer Freundin gemeinsam auftritt. Sie braucht ein schönes Kleid und Messer.	Mein Auftritt hat mir am besten gefallen und den anderen bei ihren Vorführungen zusehen, das war lustig.

Schritt 2: Projektprotokoll

Schulgeschichte 5, Zirkus Pfiffikus, 9.11.21

Anwesende Schüler*innen: alle 16 Schüler*innen waren anwesend

Rollen Leitung/Klassenlehrerin: Begleitlehrerin Frau L: Dompteuse Julia bei den Löwen, **Studentin:** Dompteur Hubert bei den Pferden, **Klassenlehrerin:** Popcornverkäuferin Eleonora und Kamerafrau, die das Liveprogramm aufnimmt.

Ziele/Inhalte/Themen der Projekteinheit (Stichworte)
Klassenthema: Stärkung des Wir-Gefühls, Integration der Außenseiter
Ziele: Förderung der sozial-emotionalen Kompetenzen, Stärkung der Klassengemeinschaft, Bewunderung – Selbstwertstärkung. Florian, Aron und Kathrin erhalten Schlüsselrollen um ihren Wert im Spiel für die Klassengemeinschaft hervorzuheben.

Erwärmungs- und Rollenverteilungsphase: Gegenstände vorstellen, die auf die Geschichte hinweisen, erzählen der beziehungsstiftenden Geschichte (Frau L.): Der Zirkus Pfiffikus mit den weltbekanntesten Artisten und Tieren überhaupt, die eine unvergessliche Show zeigen, Studentin dokumentiert Rollenmatrix. Vor der Aufbauphase werden die Plätze für die Szenerie von der Leitung festgelegt.

Aufbauphase: Manege (in der Mitte der Klasse), Käfige, Stallungen, Behausungen/Schlafplätze und Übungsplätze werden aufgebaut. Die Kulisse wird von den jeweiligen Kindern erklärt.

Spielphase: Die Künstler- bzw. Tiergruppen formieren sich und bereiten sich auf ihre Auftritte vor. Die Löwen zeigen ihre Stärke und rebellieren ein wenig. Sie machen es der Dompteuse nicht leicht. Die Pferde und das Kamel schmücken sich mit Unterstützung des Dompteurs und dessen Hund für den Auftritt, die Vierer-Clown-Gruppe berät sich über ihren Auftritt, die Messerwerferin übt. Alles bereitet sich auf die große Premierenvorstellung vor. Mit der Zeit zeigen auch die Ponys aufmüpfige Seiten und versuchen zu fliehen. Der Hund holt sich viele Streicheleinheiten und viel Bewunderung, zeigt aber auch seine spitzen Zähne. Der Zirkusdirektor spricht ein paar Begrüßungsworte und moderiert die Auftritte. Alle, die gerade nicht auftreten, bilden das Publikum. Jeder tritt mit seiner Gruppe oder alleine auf. Am Ende des Spieles ruft der Direktor alle nacheinander nochmal auf die Bühne. Niemand wird dabei vergessen und die gesamte Vorstellung wurde von der Kamerafrau festgehalten. So endet das letzte Spiel.

Klassendynamik: Heute zeigen sich verschiedene Beziehungen, die die Kinder untereinander haben und viele neue Beziehungsrollen, die die Klassendynamik zusehends im Schulalltag positiv verändert. Die Kinder trauen sich im Spiel immer mehr, sich in den Mittelpunkt zu stellen.

7 Leitfaden fürs Rollenspiel: »Spielende Kinder versetzen Berge!«

Beobachtungen Protagonist*innen:

Kathrin: ist heute als Messerwerferin der Burner. Auf eine humorvolle und kreative Art schafft sie es, im Spiel zum Publikumsliebling zu werden, und erntet tosenden Applaus. Seit dem zweiten Spiel hat Kathrin ihren Platz in der Klassengemeinschaft gefunden. Es ist für die Klassenlehrerin selbst unglaublich, wie sehr sie sich verändert hat.

Aron: Der Zirkusdirektor Franz hatte es nicht ganz leicht in diesem Spiel, musste er doch das ganze Programm organisieren und schauen, wer der Reihenfolge nach auftritt. Dabei stand ihm die Kassierin und Kamerafrau Eleonora zur Seite und half ihm immer wieder auf die Sprünge, wenn gerade Chaos herrschte. Dennoch hat Aron seit dem ersten Spiel sehr viel in Bezug auf seine sozialen und emotionalen Fähigkeiten dazu gelernt. Er traut sich viel mehr zu und stellt sich mutig in den Mittelpunkt. Auch er ist ein Teil der Klassengemeinschaft geworden.

Florian: In der Rolle des männlichen Löwen Luis übernimmt Florian auch Verantwortung gegenüber dem kleinen Löwenbaby, das sich beim Sprung durch den Feuerreifen verletzt. Er umsorgt es und dadurch wird es bald wieder gesund. Er zeigt sich sehr fürsorglich und genießt die Bewunderung. Florian hat seinen Platz in der Klassengemeinschaft gefunden.

Arbeitshypothesen:

Heute war es zeitweise sehr laut, aber im produktiven Sinne. Es brauchte immer wieder eine Strukturierung und den Hinweis, dass sich alle besser auf ihre Arbeit konzentrieren könnten, wenn es leiser ist. Umso interessanter war es, dass alle während der Vorstellung gebannt auf die jeweiligen Artist*innen und Tiere blickten und total ruhig waren.

Nächstes Spielthema:

=> Projektende, Abschlussabend

Schritt 3: Soziometrische Frage: Habe ich heute mit jemandem gespielt, mit dem ich sonst nicht so viel zu tun habe?

Spieleinheit von 10.00 bis 11.40 Uhr	Spielthema	anwesend	JA	NEIN
Spieleinheit 5: 9.11.2021	Zirkus Pfiffikus	16	15	1

7.3 Projektabschluss

Der Projektabschluss ist mit Mehrarbeit verbunden, gilt es doch, den Abschlussabend zu organisieren und die einzelnen Dokumentationen auszuwerten. Es kann überlegt werden, ob die Ergebnisse der Elternfragebögen anonymisiert den Eltern am Abschlussabend präsentiert werden. Wir als Spiellernraumteam haben das nicht gemacht, die Fragebögen und Dokumentationen stellten einerseits für unsere Arbeit eine Qualitätssicherung dar und andererseits waren sie eine wichtige Argumentationsbasis für die Wirksamkeit des Rollenspiels hinsichtlich der Projektsponsoren. In den folgenden Kapiteln wird schrittweise in die Projektabschlussarbeit eingeführt.

Statements der Schüler*innen

Im Deutsch- und Zeichenunterricht erarbeitete die Studentin mit den Schüler*innen, welche Spielgeschichte ihnen am besten gefallen hat. Sie durften dazu ihre eigenen Bilder zeichnen und der Geschichte den Titel geben: »Am besten hat mir gefallen, weil...«. Die Studentin schrieb es anschließend für die Schüler*innen auf, weil sie noch nicht schreiben können. Alle ohne Ausnahme waren sich nach der letzten Projekteinheit einig, dass sie durch das Spielen viele positive Erfahrungen mit den anderen Schüler*innen machen durften und sie sich diese Form von Unterricht auch weiterhin wünschen. Anbei einige Statements der Schüler'innen der Klasse 1.b:

> »Mir hat am besten die *Zirkusgeschichte* mit den Löwen und den Pferden gefallen. Unsere Lehrerin war die Kamerafrau und sie hat uns gefilmt und wir kamen ins Fernsehen. Das war cool.« Von A.

> »Mir hat auch die *Geschichte mit dem Berg* gefallen. Da sind Forscher auf den Berg gestiegen. Dort haben sie Steine gefunden. Dann ist eine Lawine gekommen und die Forscher haben sich verletzt. Und dann hat uns ein Notruf

erreicht. Danach haben sie die Verletzten zu uns ins Krankenhaus gebracht. Und dann haben wir sie gesund gemacht.« Von E.

»Mir hat die *Geschichte mit der Kreuzfahrt* am besten gefallen, weil ich da berühmt war und ich hatte einen Beschützer.« Von J.

»Mir hat am besten gefallen, als ich als Hund am Berg die *Forscher* gefunden habe, die unter der Lawine lagen. Die Lehrerin war die Lawine, sie nahm weiße Tücher und hat sie über die Forscher gelegt.« Von P.

»Und mir hat gut gefallen, als ich auf der *Ritterburg* gekämpft habe. Ich war ein starker Ritter.« Von M.

»Mir hat die Geschichte mit dem *Schiff* gefallen, als wir an den Pool gegangen sind. Und im Restaurant haben wir das Essen hin und her geschmissen. Aber das andere war auch gut.« Von S.

»Am besten hat mir das Abenteuer mit den *Heilsteinen* gefallen.« Von M.

Die Schüler*innen Meinungen können gemeinsam mit den Zeichnungen beim Abschlussabend präsentiert werden.

Statements der Leitung hinsichtlich der Projektziele

Das *Hauptziel* der Projektleitung war die soziale und emotionale Kompetenzstärkung der Klassengemeinschaft unter spezieller Berücksichtigung von Florian, Aron und Kathrin.

Von der Leitung und der Klassenlehrerin gewonnene Projekteindrücke über die soziale und emotionale Kompetenzstärkung der Klassengemeinschaft: Die Kinder freuten sich bei jeder Einheit auf das Projekt. Sie waren mit Freude, Begeisterung und Motivation dabei.

Die vor dem Projekt aufgestellten Projektziele werden mit der Ist-Situation verglichen.

Allgemeine Ziele vor dem Projekt:	Allgemeine Ziele nach dem Projekt:
Die Potentiale der Kreativität und der Spontanität durch die Spiele in den Schüler*innen wecken.	Die Rollenwahl der einzelnen Kinder in der Klasse erfolgte sehr kreativ und spontan. Die Mädchen wählten neben den fürsorglichen, unterstützenden, helfenden Rollen auch kämpfende Rollen aus. Die Jungs erprobten sich zwar mehr im Kämpfen, im Reparieren, im Bewachen, fanden aber auch in den versorgenden Rollen ihren Platz. Somit wurden die neuen Beziehungsmöglichkeiten durch die Spielgeschichten unter den Kindern gut angenommen und die sozialen und emotionalen Fähigkeiten weiterentwickelt.
Die Verbesserung der Beziehungen zwischen den Schüler*innen durch die Einnahme unterschiedlicher Rollen – Rollenflexibilität	Die Beziehungen unter den Schüler*innen konnten durch die gemeinsamen Spielaufgaben gestärkt werden, was auch im Schulalltag für die Klassenlehrerin spürbar ist.
Erweiterung des Rollenrepertoires in Bezug auf die Klassenrollen	Aufgrund der Rollenwahl konnten sich die Kinder selbst, die anderen Kinder und die Klassenlehrerin (sie nahm meist eine unterstützende Hilfs-Ich-Rolle ein) von einer anderen Position erleben. Das dazu gewonnene Rollenrepertoire im Spiel wirkt positiv auf die Klassenrollen.
Förderung der Gruppenkohäsion (= Zusammenhalt und Bindung der Kinder an die Klasse) und dadurch eine Verbesserung der Klassengemeinschaft, Stärkung des Wir-Gefühls.	Der Klassenzusammenhalt ist größer geworden, das Wir-Gefühl und die Gruppenkohäsion wurden gestärkt.
Die positiven Spielerfahrungen in anderen Unterrichtseinheiten im Sinne eines fächerübergreifenden Unterrichts bearbeiten.	Im Deutschunterricht, Sachunterricht, Zeichen- und Turnunterricht wurden die Spielerfahrungen der Schüler*innen weiterbearbeitet.

7 Leitfaden fürs Rollenspiel: »Spielende Kinder versetzen Berge!«

Die Klassenlehrerin kann die Kinder nach den Beobachtungen der Leitung positiv anleiten und lenken. Die Schüler*innen haben bereits gute Beziehungen zu ihr aufgebaut.

Feinziele vor dem Projekt:	**Feinziele nach dem Projekt:**
Das Selbstwertgefühl speziell von Florian, Aron und Kathrin stärken mit dem Fokus auf die Klassengemeinschaft.	Es kann klar gesagt werden, dass die drei Kinder mit zunehmendem Projektverlauf sich in ihrer Rolle immer mehr zutrauten, was auf ein gesteigertes Selbstwertgefühl hinweist.
Die Verbesserung der sozialen und emotionalen Fähigkeiten von Florian, Aron und Kathrin durch spezielle Spielrollen.	Durch die wichtigen Spielrollen gewannen alle drei Kinder zusehends mehr »Ansehen« in der Klasse und sind jetzt nach Projektende in die Klasse integriert. Die Frage ist offen, ob dies stabil bleibt.
Die Chance auf einen Perspektivenwechsel der Klassenlehrerin auf die Schüler*innen	Die Klassenlehrerin Frau Z. gewann durch ihre unterschiedlichen Hilfs-Ich-Rollen einen sehr positiven Blickwinkel auf die Kinder.

Die drei Protagonist*innen zeigten im Spiel große Fortschritte in Bezug auf ihren Selbstwert und die sozial-emotionalen Kompetenzen. Trotzdem empfiehlt die Projektleitung für die drei Kinder das Rollenspiel in der Kleingruppe, um die erreichte Lage stabil zu halten.

Abschlussabend

Die letzte Projekteinheit mit der Klasse 1b fand am 9.11.2021 statt und der feierliche Abschlussabend erfolgte einen Tag später am 10.11.2021 um 17.30 Uhr. Aus Erfahrung empfehle ich, den Abschlussabend sobald als möglich nach der letzten Spieleinheit durchzuführen, da für alle die Erinnerungen ans Spiel noch sehr lebendig sind. Wie bereits im Elternbrief angekündigt, sind zum Abschlussabend alle Kinder der Klasse 1b, die Eltern und deren Geschwister, Opas und Omas, andere Verwandte, Freunde und die Direktorin der Schule eingeladen. An diesem speziellen Abend, der ganz im Zeichen der Kinder – den Heldinnen und Helden der Klasse 1b – stehen soll, verwandelt sich das Klassenzimmer in eine Bühne. Wenn allerdings viele Eltern und Verwandte kommen ist zu überlegen, den Abschlussabend in der Aula der Schule oder im Turnsaal abzuhalten.

Die Projektleitung baut in der Mitte des Klassenzimmers mit 2–3 zusammengestellten Tischen eine Bühne auf, die die Kinder beim Aufrufen ihres Namens jeweils durch 2 davor gestellte Stühle betreten. Die Bühne sollte mit schönen Stoffen ausgeschmückt werden. Am besten eignen sich Glitzerstoffe. Die Gäste kommen zuerst in den Raum, während die Schüler*innen vor dem Klassenzimmer warten. Alle Gäste stellen sich im Spalier zur Bühne auf. Jeder Gast erhält einen kleinen Stoff, mit dem beim Bühnengang gewedelt und jedes Kindes bejubelt wird. Wenn sich alle Gäste eingefunden, einen Stoff erhalten und aufgestellt haben, werden die Kinder in die Klasse geführt.

In einer kurzen Eröffnungsrede werden alle Anwesenden begrüßt und die wesentlichen Projektinhalte zusammengefasst. Besonders lebendig wird die Vorstellung, wenn sich einzelne Kinder trauen, vom Projekt etwas zu erzählen. Dies kann spontan oder nach Vorbereitung erfolgen. Anschließend können Fotos als Projektimpressionen gezeigt werden. Danach beginnt der Hauptteil des Abends! Es ertönt eine feierliche Musik und jede einzelne Schüler*in und jeder Schüler werden nacheinander abwechselnd von den beiden Projektleiter*innen auf die Bühne gebeten. Wenn das Kind die Bühne erreicht hat, wird die Musik unterbrochen und eine Leiterin erzählt, welche Rollen das Kind in den fünf Projekteinheiten gespielt hat. Am Ende werden jedem Kind eine Urkunde mit den Spielrollen und eine Medaille überreicht. Umrahmt von feierlicher Musik verlässt die Schüler*in wieder die Bühne und die oder der nächste wird aufgerufen, solange bis jeder eine Urkunde und eine Medaille bekommen hat. Nach der Ehrung können die Eltern mit ihren Kindern, Verwandten und Freunden, die Direktorin und das Projektleitungsteam das von den Eltern mitgebrachte Buffet genießen. In entspannter Atmosphäre kann auf individuelle Fragen der Eltern zum Projekt eingegangen werden. Beim vorgestellten Projekt der Klasse 1b kamen von den Eltern der drei Hauptdarsteller Fragen bzw. auch der Wunsch nach einer psychotherapeutischen Begleitung. Florian, Aron und Kathrin werden im Spiellernraum angemeldet und dort eine weiterführende therapeutische Gruppe besuchen. Eine Fortsetzung dieses Projekts wird im 2. Semester angedacht. Die Eltern bestätigten der Projektleitung, wie begeistert ihre Kinder jeweils von den Montagen waren. Generell gab es viele positive Rückmeldungen von den Eltern. Die Mutter von S1 sagte zum Beispiel, dass ihr Sohn nie etwas über die Schule erzähle, aber vom Spieltag hätte er ohne ihr Zutun immer lebendig berichtet und sogar am Nachmittag zuhause das Rollenspiel weitergespielt.

Auswertungen

Die Grundlage für die Auswertungen stellen die laufenden Projektdokumentationen dar. Das Hauptziel des Projekts war die Stärkung der sozial-emotionalen Fähigkeiten der Kinder in der Klasse unter besonderer Berücksichtigung von Florian, Aron und Kathrin. In den fünf Projektdokumentationen wurde festgehalten, dass ab dem ersten Spiel ein Integrationsprozess in Bezug auf die drei Kinder in der Klasse stattfand. Speziell Kathrin benötigte für die Kontaktanbahnung anfangs noch Hilfe von der Klassenlehrerin, Florian und Aron schlossen sich bereits beim ersten Spiel zusammen. Im weiteren Projektverlauf konnten alle drei Kinder alleine einen guten Platz für sich in der Klassengemeinschaft finden. Alle drei entwickelten ihre sozialen und emotionalen Fähigkeiten in den Rollenspielen weiter. Um diese Situation in der Klasse stabil zu halten, werden Florian, Aron, Kathrin und deren Eltern im Spiellernraum weiter betreut. Was die übrigen Kinder der 1b betrifft, ermöglichte das Projekt eine allgemeine Selbstwertstärkung und die Erweiterung der sozialen und emotionalen Fähigkeiten. Die Querelen in der Klasse haben laut Lehrerin deutlich abgenommen, und sie muss nicht mehr so viel Zeit in klärende Pausengespräche investieren. Diese Veränderungen decken sich auch mit den weiteren Auswertungsergebnissen.

Auswertung Klassenrollen

Klassenrollen vor dem Projekt	Klassenrollen nach dem Projekt
Die Chefrolle (CR) hat 1 Kind inne, in der Opponentenrolle (OR) sind 2 Kinder, die Vermittlerrolle (VR) spielen 4 Kinder, die Klassenclownrolle (KCR) übernimmt 1 Kind, in der Außenseiterrolle (AR) sind 2 Kinder, die Mitläuferrolle (MR) nehmen 5 Kinder ein, die Organisatorrolle (ORGR) führt 1 Kind aus.	Die Chefrolle (CR) haben 2 Kinder inne, in der Opponentenrolle (OR) findet sich derzeit niemand, die Vermittlerrolle (VR) spielen 6 Kinder, die Klassenclownrolle (KCR) übernimmt 1 Kind, in der Außenseiterrolle (AR) ist kein Kind, die Mitläuferrolle (MR) nehmen 5 Kinder ein, die Organisatorrolle (ORGR) führen 2 Kind aus.

Wie aus der tabellarischen Aufstellung ersichtlich wird, haben sich die Klassenrollen ein wenig verändert. Zur Chefrolle ist ein weiteres Kind dazu gekommen, die Opponentenrolle wird nach dem Projekt nicht mehr besetzt. Vielleicht haben diese 2 Kinder in die Vermittlerrolle gewechselt, da nach Projektende die Rolle des Vermittlers nun 6 Kinder einnehmen. Die Klassenclownrolle und die Mitläuferrollen sind stabil geblieben. Die wichtigste Veränderung gab es hinsichtlich der Außenseiterrollen. Waren vor Projektbeginn noch 2 Kinder in dieser Rolle, gibt es laut Wahrnehmung der Leitung nach dem Projekt keinen Außenseiter mehr in der Klasse. Die Organisatoren-Rolle nimmt noch zusätzlich ein Kind ein (insgesamt 2). Ob diese Klassenrollen stabil bleiben, wird nach einem halben Jahr abermals erfasst.

Auswertung Soziometrie

Die soziometrische Erhebung zeigt noch eine andere Perspektive im Hinblick auf das sozial-emotionale Verhalten der Kinder auf. In jeder Projekteinheit wurde den Schüler*innen nach der Feedback- und Sharingrunde jeweils folgende Frage gestellt: »Hast du heute mit jemandem gespielt, mit dem du im Schulalltag keinen Kontakt hast?« Folgendes Ergebnis wird dadurch in tabellarischer Form sichtbar:

Spieleinheit von 10.00 bis 11.40 Uhr	Spielthema	DA	JA	NEIN
Spieleinheit 1: 4.10.2021	Luxusliner	16	10	6
Spieleinheit 2: 11.10.2021	Bergexpedition	16	12	4
Spieleinheit 3: 18.10.2021	Ritterburg	16	12	4
Spieleinheit 4: 25.10.2021	Flugzeugabsturz	16	14	2
Herbstferien				
Spieleinheit 5: 9.11.2021	Zirkus Pfiffikus	16	15	1

Die Spalte »DA« bezeichnet die Anwesenheit der Schüler*innen in der jeweiligen Projekteinheit. Aus dieser Tabelle wird klar ersichtlich, dass die Schüler*innen mit zunehmenden Spieleinheiten immer mehr miteinander in vielfältiger Art und Weise durch ihre Spielrollen in Kontakt kamen. Auch diejenigen Kinder begegneten sich im Spiel, die im Schulalltag nie Kontakt haben. Die spielerischen Berührungspunkte in den Rollen können sich positiv auf das soziale und emotionale Verhalten und die Klassengemeinschaft auswirken und ein neues Kennenlernen ermöglichen.

Auswertung SDQ-Elternfragebogen

Die Eltern waren durch die SDQ-Fragebögen vor Projektbeginn Anfang Oktober 2021 und eine Woche nach Projektende Mitte November 2021 freiwillig am Projekt involviert. Die Fragebögen wurden von den

Eltern im Sinne einer »Fremdbeurteilung« (andere Perspektive auf ihr Kind einnehmend) ausgefüllt und von der Studentin evaluiert. Von den 16 verteilten Fragebögen kamen vor und nach dem Projekt alle ausgefüllt zurück. Spannend war, dass die Elternfragebögen von 14 Müttern, einer Großmutter und einem Vater ausgefüllt wurden. Die hohe Rücklaufquote spricht für eine gute Verbindlichkeit der Erziehungsberechtigten und ist nicht unbedingt zu erwarten.

Die Bewertung der 25 Items erfolgt durch die Vergabe von Punkten: 0 Punkte für nicht zutreffend, 1 Punkt für teilweise zutreffend und 2 Punkte für eindeutig zutreffend. Aufgepasst – es gibt wenige Ausnahmen, die mit anderen Punkten bewertet werden – siehe Auswertungsbogen im Anhang. Das Ergebnis kann auf allen fünf Skalen einen Wert zwischen null und 10 ergeben. Die ersten vier Skalen werden zu einem Gesamtproblemwert zusammengefasst, der zwischen 0–40 liegen kann. Je höher der Gesamtproblemwert ist, umso auffälliger ist er. Die fünfte Skala, das prosoziale Verhalten, wird separat addiert. Im Gegensatz zu den anderen 4 Skalen ist bei der Skala 5 der Gesamtwert umso unauffälliger, je höher die Summe der Skala ist (Goodman, 2012).

Der Cut-off-Wert/Schwellenwert bezeichnet den Grenzwert zwischen auffälligem, grenzwertigem und unauffälligem Verhalten. Der SDQ ist so konzipiert, dass 80 % der Kinder als unauffällig gelten, 10 % der Kinder als grenzwertig und 10 % der Kinder als auffällig eingestuft werden. Der Gesamtproblemwert und das prosoziale Verhalten wurden vor und nach dem Projekt erfasst und als Diagramm dargestellt.

Fremdeinschätzung Eltern	unauffällig Punkte	grenzwertig Punkte	auffällig Punkte
Gesamtproblemwert	0 – 13	14 – 16	17 – 40
Emotionale Probleme	0 – 3	4	5 – 10
Verhaltensprobleme	0 – 2	3	4 – 10

7 Leitfaden fürs Rollenspiel: »Spielende Kinder versetzen Berge!«

Fremdeinschätzung Eltern	unauffällig Punkte	grenzwertig Punkte	auffällig Punkte
Hyperaktivität	0–5	6	7–10
Verhaltensauffälligkeiten mit Gleichaltrigen	0–2	3	4–10
Prosoziales Verhalten	6–10	5	0–4

Bei der Auswertung des *Gesamtproblemwertes* lassen sich folgende Ergebnisse erkennen:

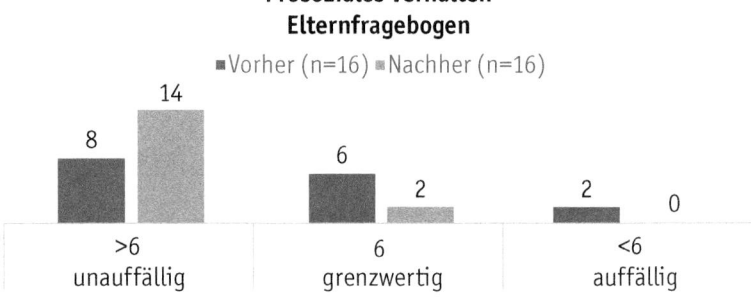

Abb. 3: Gesamtproblemwert SDQ-Elternfragebogen

Vor Projektbeginn sind laut Fragebögen 9 Kinder unauffällig, 2 Kinder gelten als grenzwertig und 4 Kinder werden als auffällig im Punktebereich 17 eingeschätzt, ein Kind ist auffällig und liegt bei der Punkteanzahl 20.

Nach dem Projekt gibt es Verschiebungen: 13 Erziehungsberechtigte denken, dass ihr Kind unauffällig ist, dieser Bereich hat sich am stärksten verändert. Der grenzwertige Bereich hat von 2 auf 1 leicht abgenommen und im auffälligen Bereich zeigt sich bei der Punkteanzahl 17 eine Abnahme von 4 auf 0 Kinder, bei der Punktezahl 20 blieb es mit 1 Kind stabil und mehr als 20 Punkte erreichte 1 Kind nach dem Projekt. Über den Grund dieser Zunahme kann nur spekuliert werden, die Frage bleibt offen.

Bei der Auswertung des prosozialen Verhaltens sieht es folgendermaßen aus:

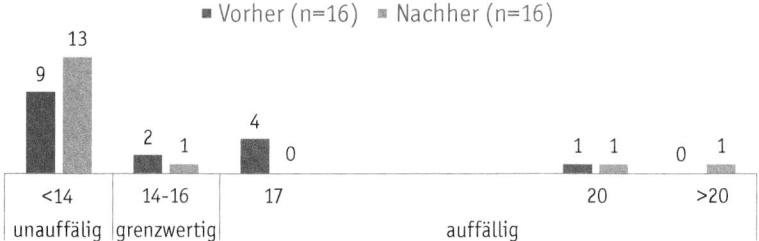

Abb. 4: Prosoziales Verhalten SDQ Elternfragebogen

Die größten Unterschiede zeigen sich im unauffälligen und im grenzwertigen Bereich. Vor Projektbeginn denken 8 Eltern, dass ihr Kind im prosozialen Verhalten unauffällig ist, nach Projektende glauben dies 14 Eltern. Im grenzwertigen Bereich zeigen sich ebenso Veränderungen, dieser Bereich hat sich von 6 auf 2 Schüler*innen verkleinert. Der auffällige Bereich, wo 2 Schüler*innen vor dem Projekt angesiedelt waren, kommt nach dem Projekt nicht mehr vor.

Wenn nach dieser Erhebung nochmals die Hauptfrage der Messung gestellt wird, ob die 5 Rollenspieleinheiten eine Veränderung zeigen in Bezug auf das sozial-emotionale (prosoziales) Verhalten in der Klasse, kann dies mit einem klaren Ja beantwortet werden. Das Rollenspielprojekt zeigt aufgrund der SDQ-Elternfragebogenergebnisse positive Veränderungen hinsichtlich des Gesamtproblemwertes in der Klasse 1b und dem prosozialen Verhalten. Der Arbeitsaufwand hat sich gelohnt.

8 Die Kraft des Rollenspiels anwenden

Die kleine Kathrin, die wir im Laufe dieses Buches besser kennen gelernt haben, wirkt seit dem Rollenspielprojekt wie verwandelt. Sie kann wieder Kind sein. Mittlerweile hat sie Freundinnen in der Klasse gefunden und Schule ist für sie ein Ort geworden, wo sie gerne hingeht. Seit die Lehrerin im Ritterspiel ihre Dienerin war, hat sich auch in der Beziehung zu ihr etwas verändert. Kathrin hat keine Angst mehr vor der Lehrerin. Sie traut sich aufzuzeigen, wenn sie etwas weiß. Kathrin merkt, dass ihre Lehrerin es gut mit ihr meint. Kurz nach dem Abschlussabend vom Rollenspielprojekt, wo Mama mit der Lehrerin geredet hat, bekamen sie zuhause eine Leihoma. Nun kann sich Kathrin auf ihre Schulaufgaben konzentrieren, ohne sich um ihre beiden kleineren Geschwister zu sorgen. Es hat sich vieles zum Besseren verändert und Kathrin darf jetzt jede Woche in die Rollenspielgruppe gehen. Das liebt sie und macht sie stark! Nun fühlt sie sich wirklich groß genug und bereit für den Ernst des Lebens.

Die Methode des pädagogischen Rollenspiels erreicht auf der individuellen Ebene wie im Beispiel von Kathrin die Kinderherzen. Es öffnet sie für neue Spielerfahrungen, die unbewusst weiter in den Schulalltag getragen und dort täglich erprobt werden. Durch die klare und sichere Struktur des Spielablaufes wagen sich Kinder wie Kathrin in neue Erfahrungsbereiche vor, gehen vertrauensvoll in Beziehungen und werden nicht enttäuscht. Diese Sicherheit wächst durch viele positive Bestärkungen und das Gefühl des Gehaltens- und Gesehen-Werdens. Das »Sich-zeigen-Dürfen«, wie man ist, enthält immer wieder aufs Neue die Botschaft: »Ich bin ok, so wie ich bin!« Somit kann das Rollenspiel die sozial-emotionale Kinderwelt erreichen.

8 Die Kraft des Rollenspiels anwenden

Die Methode des pädagogischen Rollenspiels erreicht auf der Klassenebene das Herz der Klasse. Nicht umsonst trägt das Buch den Titel »Spielende Kinder versetzen Berge«. Die Lehrerin der 1b, die Begleitlehrerin und die Studentin wurden wie viele andere zuvor Zeuginnen, wie kraftvoll das pädagogische Rollenspiel auf die Klasse wirkt. Nachweislich konnten einerseits die Protagonist*innen-Kinder mit den unterschiedlichen Bindungsstilen aufgefangen und stabilisiert werden, andererseits verbesserte sich insgesamt die Klassendynamik. Und dies auf eine freudig, lustvolle Lern-Art, die nichts mit strengen, rigiden, defizitorientierten Lernstrukturen zu tun hat. Somit ist die Brücke von der sozial-emotionalen Kinderwelt zur pädagogischen Schulwelt gebaut. Und diese Bücke hält – sogar lebenslänglich! Ich freue mich, wenn ihr Leserinnen und Leser nach meinen Erläuterungen diese beiden Welten besser zusammenbringen und verstehen könnt, um was es mir hier geht.

Rollenspiele mit der ganzen Klasse stellen ressourcenorientierte, selbstwirksame Lernformen dar. Ich könnte auch lapidar behaupten, dass diese Lernform »das« Lernen der Zukunft ist! Dieses Lernen umfasst den ganzen Menschen im Kern seines Wesens. Das Rollenspiel wirkt ganzheitlich, alle Sinne erfassend, gemeinschaftlich, sozial, emotional, humorvoll. Es erreicht nicht nur die Kinder im Hier und Jetzt, sie erwerben auch nachweislich wichtige Kompetenzen fürs Leben und ihre Zukunft! Das ist ja noch heute das Motto der Schule – fürs Leben lernen! Nach Gerald Hüther bestimmen die inneren Bilder und noch mehr die, die zur aktiven Darstellung ins Erleben und Handeln kommen, unsere Sicht der Welt und unser Handeln (Hüther, 2016). Neurowissenschaftliche Forschungen belegen, dass Veränderungen nachhaltig dann beobachtbar sind, wenn Menschen ganzheitlich, mit Körper, Geist und Psyche, am pädagogischen Prozess beteiligt sind.

Dieses Wissen habe ich an vielen Stellen des vorliegenden Buches zu verdeutlichen versucht. Das Buch dient als Ergänzung zur Fortbildung »Pädagogische Rollenspiele für den schulischen Kontext« und stellt einen gedanklichen Leitfaden dar. Es soll als Nachschlagewerk bei auftretenden Fragen verwendet werden. Jedoch braucht meines Erachtens fundierte und gute Arbeit auch den lebendigen Austausch, der in Supervisionsgruppen durch den Spiellernraum erfolgt. Es ist das Vernetzen und gemeinsame Weiterentwickeln der Rollenspiele, was uns voranbringt und die Qualität unserer Arbeit sichert. Das Praktizieren der Methode bietet viele Gelegenheiten, die sozialen und emotionalen Kompetenzen und die Selbstwirksamkeit der Schulkinder zu fördern und dadurch positive Lernprozesse in Gang zu setzen.

Diese Veränderungen beginnen aber in eurem Kopf! Ihr, liebe Pädagoginnen, seid an der Schnittstelle, wo ihr wesentlich die schulischen Inhalte mitgestalten könnt! Ihr seid die treibenden Kräfte, diese Umsetzungsschritte zu gehen und das pädagogische Rollenspiel im Schulsystem zu etablieren! Diese Schritte müssen gegangen werden, und es braucht neben dem Wissensrüstzeug auch den Mut und die nötige Energie dazu. Wer jedoch einmal von der Kraft des Rollenspiels erfasst wurde, den lässt sie meist nicht wieder los. Ich wünsche mir, dass ihr durch die innewohnende Rollenspielkraft ermuntert werdet, die notwendigen Schritte zu setzen, um auch in eurer Schule eine pädagogische Rollenspielexpertin zu etablieren! Mit der großartigen Astrid Lindgren, die damals bereits die unermessliche Kraft des Spiels hervorgehoben hat, möchte ich mein Buch beenden. Ich wünsche Euch viele, freudige Spielerfahrungen mit euch selbst und den Kindern!

»Kinder sollten mehr spielen, als viele Kinder es heutzutage tun. Denn wenn man genügend spielt, trägt man Schätze mit sich herum, aus denen man später sein ganzes Leben schöpfen kann. Dann weiß man, was es heißt, in sich eine warme, geheime Welt zu haben, die einem Kraft gibt, wenn das Leben schwer wird. Was auch geschieht, was man auch erlebt, man hat diese Welt in seinem Innern, an die man sich halten kann« (Astrid Lindgren).

9 FAQs

Vielleicht entstanden beim Durchlesen des Buches unterschiedliche Fragen. Die gängigsten Fragen versuche ich hier unter den Kategorien Projektorganisation, Projektdurchführung, Projekttransfer und Finanzierung zusammenzufassen und zu beantworten. Sollte es noch offene Fragen geben, können diese jederzeit eingebracht werden.

9.1 Fragen zur Projektorganisation

Möglichkeiten und Grenzen des pädagogischen Rollenspiels?

Das Rollenspiel ist für mich eine geniale Methode, aber kein Wundermittel! Die Kinder können ihren Jetzt-Zustand durch das Spiel ausdrücken bzw. so verändern, wie es gerade für sie möglich ist. Aber wie bei jeder Methode bedarf es der Übung und Wiederholung. Wie auf körperlicher Ebene ein Muskel trainiert werden muss, braucht es auf der psychischen Ebene ebenso ein Training. Darum plädiere ich für eine Rollenspielexpertin an der Schule, die ein ganzes Schuljahr wöchentlich Rollenspiele anbietet. Ein Rollenspielprojekt setzt bei Kindern und den Beteiligten einen inneren Prozess in Gang, Veränderungen passieren und werden im schulischen Alltag ersichtlich, sie benötigen aber Zeit und Wiederholung. Gut Ding braucht eben Weile.

Was bringt es für Vorteile, wenn es eine Rollenspielexpertin an der Schule gibt?

In Vorarlberg gibt es bereits an drei Volksschulen Rollenspielexpertinnen, die dafür ausgebildet sind und diese Tätigkeit ausführen. Die Rollenspielexpertin kann im Rahmen ihrer Lehrtätigkeit die Rollenspiele durchführen, ohne Räumlichkeiten anzumieten oder Werbung dafür zu machen. Ein nicht zu unterschätzender Vorteil für die Rollenspielexpertin bringt die wachsende Spielfreude mit sich, sowohl in Verbindung mit einer wertungsfreieren Form von Unterricht als auch mit einem positiven Schüler*innen-Lehrer-Kontakt. Ein weiterer Grund eine pädagogische Rollenspielexpertin an der Schule zu haben ist, dass sich brisante Klassenkonstellationen erst gar nicht entwickeln, weil bereits zu Schulbeginn und in den ersten Klassen in der Schuleingangsphase präventiv mit der Projektarbeit begonnen wird. Finanziell gesehen entsteht für die Schule kein Mehraufwand, die Rollenspielkosten sind durch das Lehrkontingent abgedeckt.

9.2 Fragen zur Projektdurchführung

Dürfen interessierte Eltern bei einer Projekteinheit mit dabei sein?

Generell ist das nicht vorgesehen. In all den Jahren der Projektarbeit war auch kein Interesse von Elternseite vorhanden.

Wie wird es gehandhabt, wenn die meisten Kinder nur bei einer Gruppe (z. B. Bergsteiger) dabei sein wollen?

Die Projektleitung muss im Auge behalten, dass circa die Hälfte der Kinder beim Bergexpeditionsteam dabei ist und die andere Hälfte beim Krankenhausteam. Sind schon genügend Forscherrollen besetzt, dürfen die anderen Schüler*innen wichtige Positionen im Krankenhaus übernehmen. Das kann den Kindern so begeisternd erzählt werden, dass sie sich auch auf die Krankenhausrollen einlassen.

Kann es vorkommen, dass ein Spiel abgebrochen werden muss?

Ja, das kommt manchmal vor, anbei ein Beispiel dafür. Einmal mussten wir das Ritterburgspiel frühzeitig beenden, weil die Schüler*innen der 4. VS Klasse in ihren Rollen nicht nur auf uns als sogenannte »Außenfeinde« losgingen, sondern auch aufeinander. Wir nahmen uns in der Feedback- und Sharingphase sehr viel Zeit, die Gründe dafür zu reflektieren. Für die Schüler*innen, die Lehrerin und uns als Projektleiter*innen war dieses Spiel sehr eindrücklich, weil es klar das Bild ihrer Alltagsrealität abbildete. Die Schüler*innen waren selbst schockiert darüber, wie schlecht der Zusammenhalt und das soziale Verhalten auf der Ritterburg waren. Die Klassenlehrerin griff das Thema Sozialverhalten und das Thema der Klassengemeinschaft am nächsten Tag erneut in der Sozialkompetenzstunde auf. Alle beteiligten sich lebhaft an der Diskussion. In der darauf folgenden Spieleinheit zum Thema »Flugzeugabsturz« wiesen wir als Spielleiterinnen kurz auf das Ritterburgspiel hin. In dieser Projektstunde erlebten wir die Klasse als sehr kooperativ, es hatte sich spürbar etwas verändert – die Schüler*innen halfen einander in ihren Rollen nach dem Flugzeugabsturz. Dieselben Schüler*innen, die bei der Ritterburg den Streit in den eigenen Reihen angezettelt hatten, bauten für alle Überlebenden des Flugzeugabsturzes ein Floß. In der Retrospektive stelle ich die Hypothese auf, dass der Spielabbruch des 3. Spiels viele Schüler*innen zum Nach- und Umdenken gebracht hat. Somit kann der Spielabbruch als Konsequenz ein notwendiger Entwicklungsschritt für die Klasse sein.

Was können die Erwachsenen in der Spielrolle falsch machen?

Zur Entlastung der Leitung und der Klassenlehrerin kann gesagt werden, dass keine groben Fehler gemacht werden können, wenn die Spielrolle ernst genommen wird. Was heißt das? Wenn die Lehrerin z. B. die Rolle der Hilfsköchin in der Küche übernimmt, dann sollte sie auch die Hilfsköchin spielen. Falsch wäre, wenn sie als Hilfsköchin die Position der Chefköchin einnimmt. Wichtig ist, in der Erwachsenenspielrolle stets den liebevollen, bewundernden, unterstützenden Blick auf die Kinderrollen zu bewahren.

Können durch das Rollenspiel bestimmte psychische Probleme bei einzelnen Schüler*innen auftreten?

Das Rollenspiel macht auf der Spielebene transparent, was schon da ist. Kinder spielen in ihren Rollen immer sich selbst. Aus diesem Grund ist es möglich, dass durch das Spiel Themen und Verhaltensweisen auftauchen, die die Lehrerin in der Form noch nicht kennt. Wenn diese Probleme allerdings die Kompetenzen der Leitung übersteigen, ist es ratsam, sich fachliche Hilfe vom Spiellernraum einzuholen.

Kann das Projekt mit einer Co-Leiterin durchgeführt werden, die keine Kenntnisse vom pädagogischen Rollenspiel hat?

Im Idealfall haben beide Projektleiter*innen im Spiellernraum einen Kurs zum pädagogischen Rollenspiel an Schulen belegt bzw. das Buch dazu gelesen. Allerdings kann das im Schulalltag nicht vorausgesetzt werden. Aus diesem Grunde ist es auch möglich, dass die Rollenspielexpertin die Co-Leiterin ins Spiel vor Projektbeginn einführt bzw. die Co-Leitung Supervisionsstunden im Spiellernraum in Anspruch nimmt. Es braucht im Sinne einer gelingenden Projektarbeit eine gewisse Vorbereitung, ganz ohne Vorkenntnisse geht es nicht.

Dürfen Kinder im Spiel ihre Rolle wechseln?

Normalerweise nicht, aber es gibt Ausnahmen. Beispielsweise bei sehr gehemmten Kindern, die sich im Schulalltag nichts zutrauen, kann der Rollenwechsel im Sinne eines mutigen Entwicklungsschrittes zugelassen werden. Im Zweifelsfalle müssen die Kinder in ihren Rollen bleiben und dürfen beim nächsten Spiel wieder erneut wählen.

Dürfen Kinder Rollen einnehmen, die in der Schulgeschichte nicht vorkommen?

Es kommt manchmal vor, dass ein einzelnes Kind eine Rolle spielen möchte, die in der beziehungsstiftenden Geschichte nicht vorkommt. Zum Beispiel kommt bei der Bergexpedition kein Hund vor und doch hat ein Kind schon einmal einen Hund gespielt, der mit den Forschern auf den Berg gegangen ist. Es kommt auch auf die Anzahl der Kinder an – wenn eine Schüler*innen diesen Wunsch hat, ist es ok, wenn die Mehrheit der Kinder andere Rollen einnehmen wollen, dann wird es schwierig und darf nicht erlaubt werden.

Welche Rollen mögen Kinder lieber – Tierrollen oder Menschenrollen?

In der Regel ist die Rollenwahl ein wenig altersabhängig. Tendenziell spielen jüngere Schüler*innen in den ersten beiden VS-Klassen lieber Tiere, die älteren mögen lieber Menschen spielen, weil der Handlungsspielraum der Menschenrollen größer ist und die Rolle differenzierter ausgestaltet werden kann. Aber wie überall gibt es auch hier Ausnahmen. Bitte diese nicht bewerten oder interpretieren!

Dürfen Kinder in ihren Spielrollen jemanden anderen töten?

Das Kampf- und Tötungsthema ist unter Pädagoginnen eine schwierige Angelegenheit. Grundsätzlich dürfen die Kinder niemals in ihren Spielrollen andere Kinder angreifen, verletzen oder töten. Die Kampf- und Tötungsszenen dürfen lediglich im »So-tun-als-ob-Modus« gegen die Aggressor-Rollen gerichtet werden. Die Bösewicht-Rolle darf nur die Leitung und/oder die Co-Leitung einnehmen, nie die Klassenlehrerin. Für den Aggressor gilt die Regel, nur aus der Spielrolle heraus zu reagieren und sich nicht bei einem Angriff persönlich gekränkt zu fühlen. Wenn ein solcher Rollenkonflikt auftritt, gehört dies bei der Supervision unbedingt besprochen.

Für die Kinder stellt die Aggressor-Rolle ein wichtiges Gegenüber dar, um die Aggressionen im produktiven Sinne ausleben zu können. Jedoch darf der Aggressor jederzeit die Kinder stoppen, wenn sie ihm in der Rolle real weh tun oder die persönlichen Grenzen überschreiten. Das ist ein wesentlicher Grundsatz des Rollenspiels und stört den Spielablauf in keinster Weise!

Wie geht man im Spiel mit grenzüberschreitendem Rollenverhalten um?

Kinder werden in ihren Spielrollen von den Hilfs-Ich-Rollen der Leitung/Klassenlehrerin auf eine Grenzüberschreitung hingewiesen. Das sehen sie meist ein und ändern ihr Verhalten. Beispiel: *Sara kann als Wal im Zoo nicht ihr Gehege verlassen. Die Tierpflegerin wundert sich, dass der Wal das Wasserbecken verlassen hat, kann er doch nicht lange ohne Wasser überleben.*

Gelingt es dennoch nicht, das grenzüberschreitende Kind in der Rolle zurecht zu weisen, muss die Erwachsene im nächsten Schritt das Kind auf der Realebene ansprechen und ihm die Grenze bewusst machen.

Beispiel: *Sara, ich möchte, dass du jetzt als Wal in dein Gehege zurück gehst!*

In seltenen Fällen fruchtet auch dieser zweite Schritt nicht, dann braucht es ein Verlassen der Spielszenerie. Die Erwachsene geht mit dem Kind aus der Klasse und bespricht mit dem Kind, was es gerade braucht. Vielleicht ist eine kurze Pause wichtig, weil es zu einer Rollenüberforderung des Kindes gekommen ist.

9.3 Fragen zum Projekttransfer

Wie werden die Veränderungen nach dem Projekt sichtbar?

Meist verbessert sich das sozial-emotionale Verhalten und die Selbstwirksamkeit der Schüler*innen in der Klasse. Dies kann durch die Dokumentationen und die Klassenrollenliste sichtbar gemacht werden. Ein Beispiel dafür: *Ein schüchternes Mädchen, das in der Krankenschwesternrolle einem Bergsteiger (mit diesem Jungen hat sie im Alltag keinen Kontakt) unter großem Einsatz das Leben rettet. In der Feedbackrunde sagte sie, dass ihr diese Spielszene am besten gefallen habe, weil der Bergsteiger überlebte. In der weiteren Schulwoche beobachtet die Klassenlehrerin, dass das besagte Mädchen immer wieder mit dem Jungen im Austausch ist.*

Wie können die Kompetenzen, die im jeweiligen Spiel erlernt werden, in den schulischen Alltag transferiert werden?

Die selbstwertstärkenden Erlebnisse und positiven Beziehungserfahrungen des Rollenspiels können umso nachhaltiger im Schullalltag integriert werden, je mehr die Spielinhalte im Unterricht in unterschiedlichen Fächern aufgegriffen, wiederholt und verarbeitet werden. Wiederholung ist wichtig! Es bietet sich der Deutschunterricht für eine Abenteuererzählung an oder das Fach »Bildnerische Erziehung« zur Erstellung einer Collage der Spielthemen. Im Sachunterricht kann das Thema Ritterburg besprochen werden oder im Sportunterricht gemeinschaftsstärkende Spiele initiiert werden. Außerdem hat es sich als sehr wirksam erwiesen, wenn die Klassenlehrerin die Klasse insgesamt oder die einzelnen Schlüsselkinder immer wieder an kompetente Verhaltensweisen im Spiel verbal erinnert. Ebenso kann die Pädagogin die ressourcenstärkende Haltung des Kinderpsychodramas in ihre pädagogische Grundhaltung integrieren.

9.4 Fragen zur Finanzierung

Wie werden die Zusatzkosten für ein Schulprojekt finanziert?

Unsere Spiellernraumprojekte in Vorarlberg werden über eine Viertel-Finanzierung abgegolten. Die Direktorin der jeweiligen Schule stellt einen Projektantrag, das Land Vorarlberg (Vorarlberger Landesschulrat), Double Check (Netzwerk Kultur und Bildung), die Stadt/Gemeinde des Schulstandortes und die jeweilige Schule (Elternverein) übernehmen ein Viertel der Kosten für das Projekt. In Deutschland und der Schweiz werden die Finanzierungsmodalitäten den örtlichen Gegebenheiten angepasst.

Manches Mal wurde auch die Klasse aktiv, indem sie einen Flohmarkt, Weihnachtsbasar etc. veranstaltete, um die Projektkosten zu decken.

Dankesworte

… allen Kindern und Jugendlichen, denen ich in den Schulprojekten und in meiner eigenen Praxis begegnen durfte und darf. Sie stellten und stellen besondere Lehrmeister*innen für mich dar. Mit der Selbstverständlichkeit, wie sie ihre Rollen einnehmen, verbunden mit der unglaublichen Lebendigkeit, Freude und Lust am Spiel, darf ich stets aufs Neue Zeugin sein, wie Kinder in der Gruppe als auch im Einzelsetting ihre eigenen Heilsgeschichten konstruieren. Das lehrt mich demütig zu sein und zu staunen – danke.

… meiner Familie – meinem Mann Markus und meinen fünf Kindern Lena, Anton, Emil, Franz und Greta. Durch euch durfte ich in meiner Alltagsrolle aus einer anderen Perspektive, der Mutterrolle, in der Beobachtung und aktiven Teilnahme am Rollenspiel erfahren, wie selbstwirksam das Spiel ist. Ebenso habt ihr für mich in meiner langen Ausbildungszeit viele alltägliche Dinge übernommen, die mir dieses Studium erst ermöglichten. Einen großen Dank dafür!

… Gabriele Weiss, die meine erste Berührungsperson zum pädagogischen Kinderpsychodrama war. Durch ihre Begeisterungsfähigkeit wollte ich mehr über die Theorie des Kinderpsychodramas erfahren. Danke Gabi, du bist einfach toll und dein Humor sehr inspirierend!

… Alfons Aichinger und Walter Holl, die bereits damals in der Ausbildung als Männer im gesetzteren Alter in den Kinderrollen viele lustvolle Begebenheiten schafften. Immer noch sind eure Spielgeschichten in mir lebendig und so manche Szene bringt mich wiederholt zum Schmunzeln. Ihr seid meine großen Vorbilder!

… Jutta Fürst und Hannes Krall, sie waren meine Ausbildner auf meinem Weg zur Psychotherapeutin an der Universität Innsbruck.

Sie brachten mir die psychotherapeutische Methode des Psychodramas vor allem in der Arbeit mit Erwachsenen bei. Vielen Dank dafür!

... meinem Vorstandsteam vom Verein Spiellernraum – nur durch euer Mitdenken und Mitarbeiten konnte der Verein das werden, was er heute ist – ein Verein, der die Kindertherapiekosten von finanzschwachen Familien übernimmt und das Kinderpsychodrama in Vorarlberg und über die Grenzen hinaus bekannter macht. Als bunter »Haufen« macht es Spaß, bunte, innovative Ideen mit euch gemeinsam zu entwickeln und voranzubringen, der Witz und Humor kommen dabei nicht zu kurz. Auf viele weitere produktive Arbeitsjahre!

... meinen Kooperationspartnerinnen vom Spiellernraum, die sich alle in ihrem jeweiligen Fachbereich für die Bedürfnisse, Nöte und Ängste der Kinder, Jugendlichen und Erwachsenen einsetzen. Durch eure Arbeit und den gemeinsamen Austausch in den Intervisionen werden wir zunehmend dem Anspruch einer ganzheitlichen Hilfestellung zu Gunsten unserer großen und kleinen Klientinnen und Klienten gerecht. Im Team und jede für sich hilft mit, die Welt zu einem glücklicheren Ort zu machen, danke!

Literatur

Aichinger, A., Holl, W. (1997). Psychodrama-Gruppentherapie mit Kindern. Mainz: Matthias-Grünewald-Verlag.

Aichinger, A., Holl, W. (2002). Kinder-Psychodrama in der Familien- und Einzeltherapie, im Kindergarten und in der Schule. Mainz: Matthias-Grünewald-Verlag.

Aichinger, A. (2011). Resilienzförderung mit Kindern. Kinderpsychodrama Band 2. Wiesbaden: Springer Verlag.

Aichinger, A. (2012). Einzel- und Familientherapie mit Kindern. Kinderpsychodrama Band 3. Wiesbaden: Springer Verlag.

Asendorpf, J. (2004). Psychologie der Persönlichkeit. Berlin: Springer Verlag.

Biegler-Vitek, G., Wicher, M. (Hrsg.) (2014). Psychodrama Psychotherapie mit Kindern und Jugendlichen. Ein Handbuch. Wien: Facultas Verlag.

Bowlby, J. (1959). Über das Wesen der Mutter-Kind-Bindung. Psyche 13(7), S. 415–456. Stuttgart: Klett-Cotta/Psychosozial Verlag.

Bräutigam, B., Freigang, W. (2018). Gruppenpädagogik. Eine Einführung. München: Beltz Juventa Verlag.

Brisch, K. H. (2016). Grundschulalter. Bindungspsychotherapie – Bindungsbasierte Beratung und Psychotherapie. Stuttgart: Klett-Cotta Verlag.

Bundesministerium für Bildung, Wissenschaft und Forschung. Abgerufen von: https://www.ris.bka.gv.at/GeltendeFassung.wxe?Abfrage=Bundesnormen&Gesetzesnummer=20010441

Bundesministerium für Bildung, Wissenschaft und Forschung. Abgerufen von: https://www.bmbwf.gv.at/Themen/schule/schulpraxis/lp/lp_vs.html#heading_Allgemeines_Bildungsziel

Burmeister, J. (2009). Psychodrama in der Psychotherapie. In: F. von Ameln, R. Gerstmann, J. Kramer (Hrsg.), Psychodrama. 2., überarbeitete und erweiterte Auflage (S. 361–398). Heidelberg: Springer Verlag.

Davis, K. M., Panksepp, J. (2018). The emotional foundation of personality. A Neurobiological and Evolutionary Approach. New York: W.W. Norton und Company.

Dornes, M. (1997). Die frühe Kindheit. Entwicklungspsychologie der ersten Lebensjahre. Frankfurt am Main: Fischer Verlag.

Einstein, A. Abgerufen von: http://www.draussenkinder.info/draussenspiel-was-tun/wer-kann-was-tun/25-zitate

Literatur

Fryszer, A. (1995). Das Spiel bleibt Spaß – Kinder inszenieren Psychodrama anders als Erwachsene. Zeitschrift für Psychodrama und Soziometrie, 8(2), 169–187.

Goodman, R. (1997). The Strengths and Difficulties Questionnaire: A research note. Journal of Child Psychology and Psychiatry, 38, 581–586.

Goodman, R. (2012). The Strengths and Difficulties Questionnaire. Deutsche Version. Abgerufen von:http://www.sdqinfo.com/a0.html

Grosinger-Spiss, E. (2017). ICH-DU-GRUPPE. Ein Projekt mit (Vor-) Schulkindern nach Moreno. In: G. Biegler-Vitek, M. Wicher (Hrsg.), Theorie und Praxis der Psychodrama-Psychotherapie. In der Anwendung mit Eltern, Kindern und Jugendlichen (213–232). Wien: Facultas.

Grossman, K., Grossmann, K.E. (2012). Bindungen – das Gefüge psychischer Sicherheit. Stuttgart: Klett-Cotta Verlag.

Grüner, T., Hilt, F. (2019). Freiburger Sozialtraining und systemische Mobbingintervention. Freiburg: AGJ Verlag.

Heidegger, K.-E. (2011). Beziehungsgestaltung auf der Spielbühne. Zur Theorie und Praxis des körperlichen Mitspielens im Kinderpsychodrama. (Nicht veröffentlichte Masterthesis). Donau Universität Krems, Österreich.

Heidlmair, P., Julius, H., Ragnarsson, S. (2022). Von Gewittern, Feuerlöschern und wiedergefundenen Prinzen: Fallgeschichten aus der bindungsgeleiteten Arbeit mit traumatisierten Kindern (German Edition). Kerlingarhóll Publishing.

Hochreiter, K. (2004). Rollentheorie nach J.L. Moreno. In: J. Fürst, K. Ottomeyer, H. Pruckner (Hrsg.), Psychodrama-Therapie. Ein Handbuch (S. 128–146). Wien: Facultas Verlag.

Hutter, C., & Schwehm, H. (Hrsg.). (2012). J. L. Morenos Werk in Schlüsselbegriffen. 2. Auflage. Wiesbaden: Springer Verlag.

Hüther, G., Quarch, Ch. (2016). Rettet das Spiel. Weil Leben mehr als Funktionieren ist. München: Carl Hanser Verlag.

Kleinhans, J. (2008). Resilienzförderung durch Kinderpsychodrama. Zeitschrift für Psychodrama und Soziometrie, 7(2), 225–242.

Koglin, U., Petermann, F. (2013). Verhaltenstraining im Kindergarten. Göttingen: Hogrefe Verlag.

Lammers, K. (2004). Allgemeine Techniken im Psychodrama. Erleben, verstehen, verändern. In: J. Fürst, K. Ottomeyer, H. Pruckner (Hrsg.), Psychodrama-Therapie. Ein Handbuch (S. 222–242). Wien: Facultas Verlag.

Lindgren, A.. Abgerufen von: http://www.draussenkinder.info/draussenspiel-was-tun/wer-kann-was-tun/25-zitate

Moreno, J. L. (1974). Die Grundlagen der Soziometrie. Wege zur Neuordnung der Gesellschaft. 3. Auflage. Wiesbaden: Springer Verlag.

Moreno, J. L. (1973). Gruppenpsychotherapie und Psychodrama. Einleitung in die Theorie und Praxis. Stuttgart: Georg Thieme Verlag.

Oerter, R. (1994). Die Entwicklung sozialer Kompetenz im Schulalter. In: G. E. Schäfer (Hrsg.), Soziale Erziehung in der Grundschule (S. 27–49). Weinheim: Springer Verlag.

Pfeffer, S. (2010). Emotionale und soziale Kompetenz. In: Cornelson Scriptor (Hrsg.), Kinder erziehen, bilden und betreuen. Lehrbuch für Ausbildung und Studium (S. 598–621). München: Cornelsen Verlag.

Seligman, M. (2015). Wie wir aufblühen. Die fünf Säulen des persönlichen Wohlbefindens. München: Goldmann Verlag.

Springer, R. (1995). Grundlagen einer Psychodramapädagogik. Köln: In Scenario Verlag.

Statistik Austria. Abgerufen von: https://www.statistik.at

Vester, F.. Abgerufen von: http://www.draussenkinder.info/draussenspiel-was-tun/wer-kann-was-tun/25-zitate

Von Ameln, F., Kramer, J. (2014). Psychodrama: Grundlagen. Berlin: Springer Verlag.

Weiss, G. (2010). Kinderpsychodrama in der Heil- und Sozialpädagogik. Stuttgart: Klett-Cotta Verlag.

Anhang

1 Elternbrief

Liebe Eltern,

die Begleitlehrerin Frau L. führt gemeinsam mit der Studentin und mir als Klassenlehrerin mit der gesamten Klasse vom .... bis .... ein Rollenspielprojekt durch. Die von uns angebotenen Rollenspieleinheiten (fünf Einheiten, wöchentlich zwei Schulstunden) stärken die Klassengemeinschaft und fördern die sozial-emotionalen Kompetenzen der Kinder. Das gemeinsame Rollenspiel mit der gesamten Klasse bietet den Kindern und der Lehrerin Hilfestellungen, das schulische Miteinander besser zu bewältigen. Zudem verbessert das Rollenspiel den Klassenzusammenhalt sowie das Selbstbewusstsein der Kinder.
  Wir starten mit dem Projekt am .... Die weiteren Termine sind ... Nach der letzten Einheit laden wir alle Eltern am ... zu einem feierlichen Projektabschluss ein. Nach dem offiziellen Teil steht das Projektleitungsteam gerne für offene Fragen zur Verfügung.
  Wir freuen uns, dieses Projekt mit der Klasse durchzuführen, und verbleiben mit freundlichen Grüßen

Das Projektleitungsteam

Anhang

2 Einverständniserklärung

Liebe Erziehungsberechtigte,

Ihr Kind wird im Rahmen des Unterrichts beim Schulprojekt »Soziale Kompetenzförderung durch Rollenspiele« teilnehmen. Das Schulprojekt soll untersuchen, ob sich durch die 5 Projekteinheiten Veränderungen im sozial-emotionalen Verhalten in der Klasse zeigen. Dazu benötigen wir ihre Hilfe! Um beurteilen zu können, ob es Veränderungen gibt, erhalten Sie jeweils vor der ersten (...) und nach der letzten Projekteinheit (...) einen Fragebogen, den Sie bitte ausfüllen. Dafür benötigen sie circa 2 x 5 Minuten. Als Fragebogen haben wir den SDQ (Strengths and Difficulties Questionaire) gewählt. Er erfasst die Stärken und Schwächen ihres Kindes und ist gut geeignet, das sozial-emotionale Verhalten (prosoziales Verhalten) und die Verhaltensauffälligkeiten bei Gleichaltrigen zu messen. Die Ergebnisse erlauben eine valide und reliable Vergleichbarkeit. Zusätzlich werden die 5 Projekteinheiten dokumentiert.

Alle Daten werden selbstverständlich anonymisiert und vertraulich behandelt. Der Name ihres Kindes scheint nirgends auf.

Einverständniserklärung
Bitte bestätigen Sie, dass Sie mit der Erfassung der Fragebögen ihm Rahmen des Schulprojekts einverstanden sind.

Name Erziehungsberechtigte/r:
Name des Kindes:
Datum, Unterschrift:

Vielen Dank für Ihre Unterstützung!
Das Schulprojektteam

3 SDQ-Formulare

Formular Elternfragebogen

Fragebogen zu Stärken und Schwächen (SDQ-Deu)

Bitte markieren Sie zu jedem Punkt "Nicht zutreffend", "Teilweise zutreffend" oder "Eindeutig zutreffend". Beantworten Sie bitte alle Fragen so gut Sie können, selbst wenn Sie sich nicht ganz sicher sind oder Ihnen eine Frage merkwürdig vorkommt. Bitte berücksichtigen Sie bei der Antwort das Verhalten des Kindes in den letzten sechs Monaten beziehungsweise in diesem Schuljahr.

Name des Kindes .... Männlich/Weiblich

Geburtsdatum ....

	Nicht zutreffen	Teilweise zutreffend	Eindeutig zutreffend
Rücksichtsvoll	☐	☐	☐
Unruhig, überaktiv, kann nicht lange stillsitzen	☐	☐	☐
Klagt häufig über Kopfschmerzen, Bauchschmerzen oder Übelkeit	☐	☐	☐
Teilt gerne mit anderen Kindern (Süssigkeiten, Spielzeug, Buntstifte usw.)	☐	☐	☐
Hat oft Wutanfälle; ist aufbrausend	☐	☐	☐
Einzelgänger; spielt meist alleine	☐	☐	☐
Im allgemeinen folgsam; macht meist, was Erwachsene verlangen	☐	☐	☐
Hat viele Sorgen; erscheint häufig bedrückt	☐	☐	☐
Hilfsbereit, wenn andere verletzt, krank oder betrübt sind	☐	☐	☐
Ständig zappelig	☐	☐	☐
Hat wenigstens einen guten Freund oder eine gute Freundin	☐	☐	☐
Streitet sich oft mit anderen Kindern oder schikaniert sie	☐	☐	☐
Oft unglücklich oder niedergeschlagen; weint häufig	☐	☐	☐
Im allgemeinen bei anderen Kindern beliebt	☐	☐	☐
Leicht ablenkbar, unkonzentriert	☐	☐	☐
Nervös oder anklammernd in neuen Situationen; verliert leicht das Selbstvertrauen	☐	☐	☐
Lieb zu jüngeren Kindern	☐	☐	☐
Lügt oder mogelt häufig	☐	☐	☐
Wird von anderen gehänselt oder schikaniert	☐	☐	☐
Hilft anderen oft freiwillig (Eltern, Lehrern oder anderen Kindern)	☐	☐	☐
Denkt nach, bevor er/sie handelt	☐	☐	☐
Stiehlt zu Hause, in der Schule oder anderswo	☐	☐	☐
Kommt besser mit Erwachsenen aus als mit anderen Kindern	☐	☐	☐
Hat viele Ängste; fürchtet sich leicht	☐	☐	☐
Führt Aufgaben zu Ende; gute Konzentrationsspanne	☐	☐	☐

Unterschrift .... Datum ....

Vater/Mutter/Lehrer/Sonstige (nicht Zutreffendes bitte streichen):

Vielen Dank für Ihre Hilfe

© Robert Goodman, 2005

Anhang

Formular Auswertung Elternfragebogen

Auswertung der Fremdbeurteilungsbögen des SDQ-D

Die 25 Items im SDQ umfassen jeweils fünf Skalen mit fünf Merkmalen. Der erste Schritt zur Auswertung des Fragebogens besteht darin, die Werte jeder einzelnen Skala aufzuaddieren. »Teilweise zutreffend« wird mit einer Eins bewertet, aber »nicht zutreffend« oder »eindeutig zutreffend« wird je nach Merkmal bewertet. Das Ergebnis kann auf allen fünf Skalen einen Wert zwischen null und 10 ergeben, falls Angaben zu allen fünf Merkmalen gemacht wurden. Falls ein oder zwei Werte fehlen, kann das Ergebnis hochgerechnet werden.

Emotionale Probleme	Nicht zutreffend	Teilweise zutreffend	Eindeutig zutreffend
Klagt häufig über Kopfschmerzen	0	1	2
Hat viele Sorgen ...	0	1	2
Oft unglücklich ...	0	1	2
Nervös oder anklammernd ...	0	1	2
Hat viele Ängste ...	0	1	2
Verhaltensprobleme	Nicht zutreffend	Teilweise zutreffend	Eindeutig zutreffend
Hat oft Wutanfälle ...	0	1	2
Im Allgemeinen folgsam ...	2	1	0
Streitet sich oft ...	0	1	2
Lügt oder mogelt häufig ...	0	1	2
Stiehlt zu Hause ...	0	1	2
Hyperaktivität	Nicht zutreffend	Teilweise zutreffend	Eindeutig zutreffend
Unruhig, überaktiv ...	0	1	2
Ständig zappelig ...	0	1	2
Leicht ablenkbar ...	0	1	2
Denkt nach ...	2	1	0

	Nicht zutreffend	Teilweise zutreffend	Eindeutig zutreffend
Führt Aufgaben zu Ende ...	2	1	0
Verhaltensprobleme mit Gleichaltrigen	Nicht zutreffend	Teilweise zutreffend	Eindeutig zutreffend
Einzelgänger ...	0	1	2
Hat wenigstens einen guten Freund ...	2	1	0
Im Allgemeinen bei anderen ...	2	1	0
Wird von anderen gehänselt ...	0	1	2
Kommt besser mit Erwachsenen aus ...	0	1	2
Prosoziales Verhalten	Nicht zutreffend	Teilweise zutreffend	Eindeutig zutreffend
Rücksichtsvoll ...	0	1	2
Teilt gerne ...	0	1	2
Hilfsbereit ...	0	1	2
Lieb zu jüngeren Kindern ...	0	1	2
Hilft anderen ...	0	1	2

Um den *Gesamtproblemwert* anzugeben, werden die vier Skalen, die sich auf Probleme beziehen, aufsummiert. Der Gesamtwert liegt zwischen 0–40. Die Skala mit prosozialem Verhalten wird dabei nicht berücksichtigt. Falls Angaben zu mindestens 12 der 20 relevanten Items gemacht wurden, kann das Gesamtergebnis wiederum hochgerechnet werden.

Interpretation der Werte und Definition einer Störung

Die angegebene Verteilung wurde so gewählt, dass ca. 80 % der Kinder als normal, 10 % als grenzwertig auffällig und 10 % als auffällig eingestuft werden. So lässt sich z. B. bei der Fragestellung nach einer Gruppe von Kindern mit hohen Risikofaktoren, bei denen eine größere Anzahl falsch positiver Fälle unproblematisch ist, ein cut-off bei grenzwertigen Werten wählen. Sollen bei einer Studie möglichst wenig falsch positive Ergebnisse erfasst werden, empfiehlt es sich, nur Kinder mit einem hohen Wert für Auffälligkeiten miteinzubeziehen.

Eltern-Fragebogen	Normal	Grenz-wertig	Auffällig
Gesamtproblemwert	0 – 13	14 – 16	17 – 40
Emotionale Probleme	0 – 3	4	5 – 10
Verhaltensprobleme	0 – 2	3	4 – 10
Hyperaktivität	0 – 5	6	7 – 10
Verhaltensprobleme mit Gleichaltrigen	0 – 2	3	4 – 10
Prosoziales Verhalten	6 – 10	5	0 – 4
Lehrer-Fragebogen			
Gesamtproblemwert	0 – 11	12 – 15	16 – 40
Emotionale Probleme	0 – 4	5	6 – 10
Verhaltensprobleme	0 – 2	3	4 – 10
Hyperaktivität	0 – 5	6	7 – 10
Verhaltensprobleme mit Gleichaltrigen	0 – 3	4	5 – 10
Prosoziales Verhalten	6 – 10	5	0 – 4

4 Checkliste

- Wer sind die 2 Projektleiter*innen?
- Kann die Projektleitung von schulinternen Pädagoginnen abgedeckt werden oder braucht es die Unterstützung vom Spiellernraum?
- Gibt es zusätzlich eine dritte Person, wie z. B. einen Zivildiener, der dieses Projekt mit begleiten kann?
- Sollen die Projekte vom Spiellernraum supervidiert werden?
- Warum möchte die Projektleitung gerade mit dieser Klasse ein Projekt durchführen? Motivation und Hauptthema des Projektes.

- Auf welche Kinder soll neben der Klassengemeinschaft ein Hauptfokus gelegt werden (lediglich 3–4 Kinder in diesem Setting möglich)?
- Projektziele bestimmen und definieren, allgemeine Ziele und Feinziele festlegen.
- Braucht es ein Projektbudget? Wenn ja, wie viel Geld wird fürs Projekt benötigt und wie wird es finanziert?
- Projekteinheiten und Uhrzeit bestimmen, wann finden die Einheiten statt? (5 Einheiten, 10 Einheiten, viertel-/halbjährliche Einheiten oder soll ein Ganzjahresprojekt stattfinden?)
- Soll das Projekt mit Hilfe des SDQs evaluiert werden? Wird die Evaluation von der Projektleitung übernommen oder soll sie durch den Spiellernraum out gesourct werden?
- Sollen die Projekteinheiten mit Fotos festgehalten werden und wenn ja, wer übernimmt das Fotografieren?
- Wie werden die Eltern über das Projekt informiert? Findet ein Elternabend statt oder erhalten die Eltern einen Elternbrief, den Elternfragebogen inklusive der Einverständniserklärung entsprechend der DSVG (Datenschutzverordnung) für die Fotos?
- In welchem Rahmen findet nach den Projekteinheiten der Abschluss des Projektes statt? Soll es eine Abendveranstaltung mit Buffet für Eltern, Schülerinnen und Lehrerinnen geben oder soll der Abschluss lediglich nach der letzten Stunde unter Einbeziehung der Eltern erfolgen?
- Wer schreibt die Urkunden für die Kinder und besorgt die Medaillen?
- Welche Beziehungsstiftende Geschichte wird als Anfangsgeschichte gewählt?
- Wer übernimmt die laufenden Projektdokumentationen?
- Wann findet die kurze Reflexionseinheit des Spiels mit der Projektleitung/Klassenlehrerin statt? In diesem Rahmen wird auch die weitere beziehungsstiftende Geschichte ausgewählt.

5 Klassenliste

... Klasse und max. 4 Protagonist*innen

Schüler*in	Alter, Geschlecht	Sozial-emotionale Kompetenzen

6 Projektprotokoll

Schulgeschichte: Datum:

Anwesende Schüler*innen:

Rollen Leitung/ Klassenlehrerin:
Lehrerin 1:
Lehrerin 2:
Klassenlehrerin:

Ziele/Inhalte/Themen der Projekteinheit (Stichworte)

Klassenthema:

Ziele:

Erwärmungs- und Rollenverteilungsphase:

Aufbauphase:

Spielphase:

Klassendynamik:

Beobachtungen Protagonist*innen:

Kind 1:

Kind 2:

Kind 3:

Kind 4:

Anhang

Arbeitshypothesen:

Nächstes Spielthema:
=>

7 Rollenmatrix

Name	Rolle	Besonders gefallen hat:

Name	Rolle	Besonders gefallen hat:
Klassenlehrerin		
Leitung		
Leitung		
zusätzlicheHilfe z. B. Zivildiener		

Spieleinheit von ... bis ... Uhr	Spielthema	anwesend	JA	NEIN
Spieleinheit 1: Datum				

8   11 Beziehungsstiftende Geschichten

Schulgeschichte Dschungel

Kinderrollen: Zwei Gruppen; bei diesem Spiel benötigen die Kinder keine Tiernamen.

1. Gruppe: unterschiedliche Elefanten wie Babyelefanten, Elefantenkinder, erwachsene Elefanten, männlich oder weiblich
2. Gruppe: unterschiedliche Schimpansenaffen wie Babyschimpansen, Schimpansenkinder, erwachsene Schimpansen, männlich oder weiblich

Protagonist*innen-Schlüsselrollen für 3–4 Kinder: 12 Affen, die den Tierhüter informieren, zwei starke Affen, die die Wilderer austricksen.

Rollen der Lehrerin/Spielleitung: zwei Tierhüter jeweils bei einer Tiergruppe lebend, ein Wilderer, der später in die Reporterrolle wechselt.
Bühne: Lebensraum beider Tiergruppen, verbindend dazu die Tierstation, Versteck für den Wilderer, Hafen mit Containerschiff und Käfige
Spezielle Beachtung: Beide Tiergruppen sollten in etwa gleich groß sein, es ist egal, wie viele Baby-, Kinder- oder erwachsene Affen/Elefanten es gibt. Die beiden Tierhüterinnen sollten jeweils eine Tiergruppe beim Aufbau und Spiel begleiten, obwohl sie ja laut Geschichte entfernt voneinander wohnen.

Schulgeschichte: Wir befinden uns im tiefen afrikanischen Dschungel. Es ist Sommer, die Sonne brennt heiß vom Himmel, nur im dichten Urwald lässt es sich einigermaßen aushalten. Hier leben die exotischsten Tiere. Wenn wir genau hinhören, können wir die unterschiedlichsten Geräusche wahrnehmen. Auf einer Lichtung befindet sich eine kleine Elefantenherde, die schon eine lange Wanderung hinter sich hat und auf der Suche nach einer Wasserstelle ist. Vorsichtig rupfen sie an dem restlichen Grün der Bäume, doch die Blätter sind durch die lange Trockenheit welk und ohne Saft und Kraft. Da die Elefanten täglich eine große Wassermenge zu sich nehmen müssen, wird es langsam kritisch für sie. Sie zeigen erste Ermüdungserscheinungen und sollten endlich eine Wasserstelle finden.

Den Affen, die in einem etwas weiter entfernten Teil des Dschungels leben, geht es ähnlich. Noch können sie sich von den restlichen trockenen Früchten ernähren, aber der Vorrat wird von Tag zu Tag knapper. Suchend springen sie von Baum zu Baum und kreischen vor Freude, wenn sie etwas Essbares gefunden haben. Da der Hunger von Tag zu Tag größer wird, fällt ihnen das Teilen der Nahrung immer schwerer. Daher beschließen sie, sich in einen Teil des Dschungels vorzuwagen, den sie noch nicht kennen.

Aufmerksam und vorsichtig hangeln sie sich voran und zucken bei jedem ungewohnten Geräusch zusammen. Nach einiger Zeit steigt ihnen der Duft von süßen Früchten in die Nase, dem sie aufgeregt folgen. Der Weg führt sie zur Tierstation, die von zwei Tierhütern bewohnt wird. Diese hatten Früchte und etliche gefüllte Wasserkanister besorgt, um die erste Not der Tiere zu lindern. Vorsichtig nähern sich die Affen der Station, schnappen sich schnell die ausliegenden Bananen, klettern damit auf einen Baum und verschlingen hastig ihre leckere Beute. Satt und zufrieden beobachten sie daraufhin, was in der Station vor sich geht. Sie stellen fest, dass ihnen hier keine Gefahr droht, und beschließen, in der Nähe zu bleiben. Als sie sich gerade ein gemütliches Plätzchen gesucht haben und ein kleines Schläfchen machen wollen, werden sie plötzlich von lautem Getrampel und Elefantentrompeten aufgeschreckt. Instinktiv spüren die Affen, dass die Elefanten in Gefahr sind. Behände rennen sie in die Richtung, aus der sie die Geräusche wahrnehmen und erstarren vor Schreck. Ein Wilderer versucht die kleinen Elefanten von der Herde abzutreiben und einzufangen. Durch Gewehrschüsse in die Luft werden die erwachsenen Elefanten abgelenkt und in eine andere Richtung gelenkt. Aufgeregt und laut kreischend verfolgen die Affen, dass die kleinen Elefanten in große Gitterkäfige getrieben werden. Diese werden gut verriegelt und anschließend auf einen riesigen Laster verladen. Die Affen spüren, dass hier sofort Hilfe benötigt wird und entscheiden spontan, dass einer zur Tierstation läuft, ein anderer die großen Elefanten sucht und weitere Affen den Lastwagen verfolgen, um zu sehen, was mit den Elefanten passieren soll. Flink hangeln sich die Affen von Baum zu Baum und verfolgen unbeobachtet den Lastwagen, der die Richtung zum Fluss einschlägt, wo schon ein riesiges Schiff bereitsteht. Aus allen Richtungen kommen immer mehr Laster mit unterschiedlich großen Kisten angefahren, die dann schnell verladen werden. Als die letzte Kiste auf dem Schiff verstaut ist, gönnt sich der Wilderer eine Pause und lässt das Schiff für kurze Zeit unbeobachtet. Das ist die Gelegenheit für die kleine Affenschar. Schnell und behände klettern sie an Bord und verstecken sich. Was sie dort sehen, ist unbeschreiblich. Die Kisten sind mit vielen Babyelefanten und kleinen Elefantenkindern gefüllt! Die Affen überlegen nicht lange, die Tiere müssen befreit werden. Schnell und geschickt lösen sie einen Riegel nach dem anderen. Erleichtert verlassen alle Elefanten ihr Gefängnis und laufen über die heruntergelassene Laderampe in die Freiheit.

Inzwischen haben sich die großen Elefanten beruhigt und sind fest entschlossen, ihre Kinder zurückzuholen. Einer der Affen hat sie eingeholt und gemeinsam können sie die Stelle finden, wo die Wilderer sie getrennt haben. Der Affe kann sehr gut Spuren lesen und orientiert sich an den Lastwagenspuren auf dem Boden. Unterwegs treffen sie auf den Affen, der die Tierhüter informiert hat. Diese sind daraufhin sofort in ihren Jeep gesprungen und machen sich auf den Weg zum Fluss. Als die Elefanten in die Nähe des Flusses kommen, hören sie schon leises Elefantentrompeten und die kleinen Elefanten kommen ihnen in Begleitung der Affenschar entgegen. Was ist das für eine Wiedersehensfreude! Doch sie müssen aufpassen. Der Wilderer hat die Flucht der Tiere entdeckt und versucht, sie wieder einzufangen. Gemeinsam gelingt es ihnen, den Wilderer abzuschütteln. Sie sehen gerade noch, dass der Jeep mit den Tierhütern angebraust kommt, dann verschwinden sie im rettenden Wald. Völlig erschöpft machen sie sich auf den Weg zur Tierstation, weil sie dort ein reichhaltiges Essen erwartet.

Nach einiger Zeit kommen auch die Tierhüter zurück und berichteten, dass der Wilderer festgenommen wurde. Er wollte die Tiere für viel Geld an einen Zoo verkaufen. Die Tiere bleiben noch einige Zeit in der Nähe der Station. Die Elefanten und Affen helfen beim Bau einer neuen Tierunterkunft und bedanken sich so für die Rettung und die Verpflegung. Als endlich der Regen einsetzt, gibt es auch bald wieder genügend Wasser und Nahrung für die Tiere und so ziehen alle wieder ihrer Wege. In der Nähe der Tierstation wurden sie noch öfter gesehen. So endet die Spielgeschichte.

Schulgeschichte Brand im Kinderferienheim

Kinderrollen: Kinder im Heim, Feuerwehrleute (2-3 Kinder), Rettungsauto mit zwei Notärzten (3-4 Kinder)
Protagonist*innen-Schlüsselrollen für 3-4 Kinder: ein Mädchen/Bub, die/der den Notruf bei der Feuerwehr tätigt, ein Kollege, der die anderen Kinder weckt, die Türe schließt, das Fenster öffnet und der Feuerwehr ein Hinweiszeichen gibt.
Rollen der Lehrerin/Spielleitung: Betreuerin im Ferienheim, Feuerwehrhilfskraft, Inspektorin, die Krankenhaus und Feuerwehr inspiziert, Rollenwechsel der Inspektorin: Feuer mit roten Tüchern darstellen, danach Einnahme der Bürgermeisterrolle, die alle Beteiligten ehrt.
Bühne: Kinderheim (Schlafraum/Fluchtraum), Feuerwehrstation (Feuerwehrauto, Seile, Sprungtuch), Krankenhaus (Betten, Krankenwagen, Verbände, Salben etc.)
Spezielle Beachtung: die Geschichte beginnt damit, dass die Kinder mit ihrer Betreuerin ans Meer aufbrechen und dort einen schönen Tag erleben. Während dessen muss die Feuerwehr und die Ärzteschaft von der Inspektorin beschäftigt werden. Wichtig – der Großteil der Kinder sollte bei den Kindern im Ferienheim mit dabei sein.

Schulgeschichte: Wir befinden uns in einem Ferienheim am Meer. Es ist Morgen, draußen wird es langsam hell. Nach dem Frühstück marschieren die Kinder mit ihrer Betreuerin Frau Huber ans nahe gelegene Meer, wo sie schwimmen gehen, Sandburgen bauen, Bücher lesen oder einfach nur am Strand mit den anderen Kindern herumtollen. Gegen Mittag packt Frau Huber den mitgebrachten Korb mit vielen leckeren Köstlichkeiten aus – belegte Brötchen mit Salami, Käse und frische Limonaden für den Durst. Gemeinsam verspeisen sie am Strand das Essen, bevor sie anschließend zum Eissalon aufbrechen, um ein Eis zu essen. Den restlichen Nachmittag verbringen die Kinder mit Frau Huber am Meer.

Während sich die Kinder am Strand vergnügen, ist heute bei der Feuerwehr und dem Krankenhaus richtig was los. Eine Inspektorin hat sich angemeldet, sämtliche Ausstattungsgegenstände zu inspizieren, um beiden Einrichtungen wieder für ein Jahr das Gütesiegel zu verleihen. Die Feuerwehr sortiert alle Schläuche sorgfältig, zählt die Feuerlöscher, bringt das Einsatzfahrzeug auf den neuesten Stand. Auch im Krankenhaus bereitet man sich auf den Besuch der Inspektorin vor und achtet auf die Gerätschaften im OP-Raum, die Medikamente, die Betten. Die Inspektorin, eine sehr strenge Frau, die immer etwas zum Kritisieren hat, ist dieses Mal aber doch zufrieden und verlässt beide Einrichtungen mit der Verlängerung des Gütesiegels.

Als die Kinder am Abend zum Ferienheim zurückkommen, sind sie so richtig müde. Sie dürfen sich in ihren Zimmern noch leise unterhalten oder noch ein bisschen lesen. Doch bald schlafen alle tief und fest. Es ist ganz ruhig im Haus, auch die Betreuerin hat sich in ihr Zimmer zurückgezogen. Mitten in der Nacht wird ein Mädchen wach, weil sie einen aufregenden Traum hatte. Da sie nicht mehr einschlafen kann, geht sie in die Küche, um ein Glas Wasser zu holen. Als sie die Zimmertüre öffnet, denkt sie: »Hier riecht es aber komisch!« Je näher sie zu der Küche kommt, umso stärker wird der Geruch. Als sie die Küchentür öffnet, kommen ihr dicke Rauchwolken entgegen. Wie erstarrt bleibt sie stehen. Es brennt, was soll sie als erstes tun? Wichtig ist es erstens, die Küchentüre wieder zu schließen und gleich ins Büro zu gehen, die Feuerwehr und Rettung anzurufen, wo sie den Ort und das Ausmaß des Feuers angibt. Danach läuft sie in die Zimmer, weckt die anderen und die Betreuerin. Schlaftrunken reiben sie sich die Augen, bis sie merken, dass die Situation sehr ernst ist und sie handeln müssen.

Mittlerweile breitet sich das Feuer immer weiter aus. Die Rauchentwicklung des Feuers ist am Problematischsten. Deshalb bekommen die Kinder von der Erzieherin die Anweisung, einen Pullover vor den Mund zu halten, um die giftigen Rauchgase nicht zu stark einzuatmen. Der Flur des Ferienheims ist teilweise schon nicht mehr begehbar. Gemeinsam kämpfen sich die Kinder in Begleitung der

Betreuerin, die vorangeht, den noch begehbaren Flur entlang, um nach unten zu gelangen. Doch es ist zu spät, das Feuer hat die Treppe erreicht, wo kein Durchkommen mehr möglich ist. Was nun? Frau Huber geht mit ihnen ins hinterste Zimmer zurück, ein Kind schließt die Türe. Dort warten sie auf die Feuerwehr und die Rettung. Die Minuten scheinen endlos lange zu dauern. Endlich hören sie von weitem ein beruhigendes TATÜ-TATA eines Feuerwehrwagens. Auch ein Rettungswagen ist zur Stelle. Ein Kind öffnet das Fenster und macht die Feuerwehrleute durch Winken und Rufen auf die Gruppe aufmerksam. Die Feuerwehr wirft umgehend ein Sprungtuch aus, wo alle Kinder der Reihe nach hinein hüpfen können. Die gesamte Rettungsaktion erfolgt in Sekundenschnelle, alle kommen durch den Sprung ins Tuch unverletzt aus dem Gebäude heraus. Während die Feuerwehr den Brand löscht, müssen alle Kinder samt Betreuerin mit dem Rettungsauto zur Kontrolle ins Krankenhaus gefahren werden. Einige Brandverletzungen und Rauchgasvergiftungen müssen behandelt werden. Schließlich endet die heutige Geschichte so, dass alle wieder gesund sind und die Feuerwehr und das Krankenhaus vom Bürgermeister besucht werden, um allen Beteiligten eine Ehrennadel zu verleihen.

Schulgeschichte Forscher und Beduinen

Kinderrollen: Zwei Gruppen:

1. Gruppe: Beduinenstamm: 6–8 Kinder: Männer, Frauen, Kinder, Pferde: ein Koch, der Essen für den Stamm zubereitet, eine weise Kräuterfrau, die Verwundete mit Heilpflanzen gesund pflegt, 2–3 Wächter und Kämpfer, die Beduinen und Pferde bewachen. Kinder können auch Tierrollen einnehmen, drei Pferde (Fohlen und erwachsene Pferde).
2. Gruppe: 6–8 Forscher: verschiedene Forscher aus unterschiedlichen Ländern, z. B. ein afrikanischer Forscher, der gut Pläne lesen kann, zwei Forscherinnen, die Hieroglyphen lesen können

einer, der sich mit Schätzen gut auskennt und sie aufzeichnet, ein Anführer, 2–3, die geschickt im Messerwerfen sind, um Spinnen, Skorpione und Giftschlangen unschädlich zu machen, einer, der ein Gegengift besitzt und einsetzen kann usw..

Protagonist*innen-Schlüsselrollen für 3–4 Kinder: Chefwächter bei den Beduinen, Forscherin, die die Expedition anführt, Forscher, der Beduinen zu Hilfe ruft, Forscher, der das Gegengift besitzt.

Rollen der Lehrerin/Spielleitung: eine ängstliche, hysterische Assistentin beim Forscherteam, die von einem Skorpion gebissen wird, eine Frau bei den Beduinen, die von der weisen Kräuterfrau lernt (Klassenlehrerin), ein Berglöwe, der das Beduinendorf bedroht, oder ein Händler, Rollenwechsel nach der Rettungsaktion des Berglöwen/Händlers und der Kräuterfrau als Museumsdirektor und als Kamerafrau.

Bühne: das Beduinendorf, der Jeep der Forscher, die Pyramide mit ihren Irrwegen und der Schatzkammer, wo die Türe dann zufällt, das Gebüsch und die Höhle, wo der Berglöwe wohnt.

Spezielle Beachtung: Spielstart – die Forscher bleiben mit dem Jeep im Sand stecken, Beduinen befreien sie mit den Pferden. Danach müssen in beiden Spielhandlungen Forscher und Beduinen solange von den Erwachsenenrollen beschäftigt werden, bis die Geschichte zusammenkommt – Rettungsaktion der Forscher durch die Beduinen. Die Assistentin zeigt bei den Forschern große Angst und wird von einem Skorpion gebissen, sie muss mit dem Gegengift versorgt werden. Die Beduinen werden immer wieder vom Berglöwen bedroht oder durch den Händler beschäftigt. In der Regel bevorzugen die Kinder die Berglöwenvariante, sie ist actionreicher!

Schulgeschichte: Im heutigen Spiel reisen wir nach Ägypten zu den sagenumwobenen Pyramiden. Ein international bekanntes Forscherteam, das nur aus den besten Spezialisten/innen aus der ganzen Welt besteht, macht sich mit seinen Forschungsgeräten mit dem Jeep auf den Weg ins Tal der Könige. Ihr Ziel ist es, ein bisher unentdecktes Pharaonengrab zu finden, in dem, alten Berichten zufolge, unermessliche Grabschätze verborgen sein sollen. Ihr Weg führt sie durch die Sandwüste, die Temperaturen bewegen sich auf die 40 Grad Marke zu. Plötzlich bleibt der Jeep im Sand stecken und je mehr der Fahrer versucht, herauszukommen, umso stärker versinken die Reifen im Sand. Was nun? In der Ferne ist ein Dorf zu sehen, ob die Bewohner ihnen helfen können? Gerade in diesem Moment taucht ein Beduine mit seinem Pferd auf. Er zögert nicht lange und holt umgehend weitere Beduinen, die den Jeep mit ihren Pferden aus dem sandigen Boden herausziehen. So kann die Forschertruppe ihren Weg durch die Wüste fortsetzen, bis sie zu der Pyramide kommt. Sie birgt noch immer einen bislang unentdeckten Schatz. Keinem Expeditionsteam ist es je gelungen, diesen zu finden. Entweder haben sich die Teams in der Pyramide verlaufen und sind verhungert, oder sie sind von Skorpionen oder Schlangen getötet worden. Andere Forscherteams mussten die Expedition abbrechen. Unsere Forscher in der Spielgeschichte sind wild entschlossen, den Schatz zu finden, koste es, was es wolle! Sie haben natürlich den perfekten Plan, wie sie am besten vorgehen.

In der Zwischenzeit reiten die Beduinenmänner mit ihren Pferden wieder zurück ins Dorf. Sie erzählen den anderen vom Forscherteam und zweifeln daran, dass sie den Schatz finden werden. Der Alltag der Beduinen geht weiter. Die Pferde beginnen plötzlich zu wiehern und werden unruhig. Die Beduinen vermuten einen Berglöwen, der schon länger in der Gegend sein Unwesen treibt. Er hat im Nachbardorf schon einige Schafe gerissen. Nun hat er es auf die Pferde, besonders auf die Fohlen im Beduinendorf abgesehen. Plötzlich schleicht der Berglöwe aus dem Hinterhalt an, die Wächter verteidigen die Pferde und kämpfen gegen den Berglöwen, der sich schließlich zurückzieht. Beim ersten Angriff wird ein Wächter verletzt und muss von der Kräuterfrau und deren Gehilfin versorgt werden. Langsam bricht die Dämmerung herein. Die Beduinen legen sich schlafen, aber nur kurz. Abermals nähert sich der Berglöwe dem Dorf und dieses Mal dringt er sogar bis zu den Pferdestallungen vor. Nun entkommt er ihnen nicht mehr, die Beduinen schaffen es mit vereinten Kräften, ihn zu erlegen. Das Fell wird dem Löwen abgezogen und das Fleisch über dem Feuer gebraten. Die Beduinen kommen aber nicht zur ersehnten Ruhe. Während die Beduinen mit dem Berglöwen kämpfen, begeben sich die Forscher in das Innere der Pyramide. Sie stellt ein wahres Labyrinth dar, viele unterschiedliche Gänge führen zur vermeintlichen Schatzkammer. Sie dringen in die verzweigten Gänge ein, entdecken Hieroglyphen, die sie entziffern müssen, um weiterzukommen. Gut, dass die Hieroglyphen-Experten und die Kartenleserin dabei sind, so geht es zielsicher voran, dem Schatz entgegen. Immer wieder kreuzen Skorpione und Schlangen den Weg, die ängstliche Assistentin muss wegen eines Skorpionbisses mit dem Gegengift und einem Verband versorgt werden. Ansonsten gelangt der Trupp ohne weitere Zwischenfälle bis zur Schatzkammer. Sie staunen nicht schlecht, als sie die gigantischen Schätze sehen. Schätze von unermesslichem Wert liegen in der Grabkammer seit Tausenden von Jahren verborgen. In ihrer Freude vergessen sie alle Vorsicht und berühren einen verborgenen Hebel. Mit Getöse stürzt eine Falltür herab und verschließt die Grabkammer. Von der Decke rieselt langsam Sand in die Grabkammer. Die Forscher wissen, wenn nicht bald Hilfe von draußen kommt, werden sie im Sand versinken. Eine Katastrophe! Teilen sie nun das ähnliche Schicksal mit den Forschergruppen vor ihnen?

Die Beduinen hören als gute Jäger ein fernes Grollen und mit ihren Adleraugen sehen sie eine große Staubwolke aus Sand und Geröll in der Ferne aufsteigen. Sie vermuten, dass mit den Forschern bei der Pyramide was passiert sein könnte und machen sich schnell auf den Weg. Sie hören die Klopfzeichen und graben die Gänge frei, bis sie zur Grabkammer gelangen. Bevor die Forscher im Sand ersticken müssen, können die Beduinen mit vereinten Kräften den schweren Stein wegheben und die Forscher schnell ins Freie tragen. In ihren Zelten verbinden sie die Wunden der Forscher, schienen die Beinbrüche und versorgen sie mit Wasser und Nahrung. Nachdem die Forscher durch die Heilkunde der Beduinen bald gesund sind, machen sie sich gemeinsam mit den Beduinen auf, die gewaltigen Schätze zu bergen. Als die Nachricht über den sensationellen Fund in Kairo eintrifft, fliegt der ägyptische Museumsdirektor mit einem großen Fernseh- und Presseaufgebot in das Beduinenlager und zeichnet die Forscher und die Beduinen mit dem höchsten Orden von Ägypten aus. So endet die heutige Spielgeschichte.

Schulgeschichte Luxusliner

Kinderrollen:

1. Berühmte Persönlichkeiten wie Sportler, Schauspielerinnen, Sängerinnen, Schriftsteller, Politiker etc.
2. Schiffscrew wie Kapitänin, Steward, Mechaniker*innen, Köch*innen, Kellner, Schiffdetektiv, Politesse, Bademeister, Ärztin ...

Beide Gruppen sollten ungefähr gleich groß sein, d. h. es werden berühmte Persönlichkeiten benötigt, aber auch Schiffspersonal. Diese Geschichte eignet sich gut als Anfangsgeschichte.

Schlüsselrollen für 3–4 Kinder: Schiffsärztin, Kapitänin, Polizistin, Detektiv

Rollen der Lehrerin/Spielleitung: Reporter, blinder Passagier als Fahrgast getarnt, Bedienung in der Küche, Masseurin

Bühne: Einerseits werden die Kajüten der berühmten Persönlichkeiten von den Kindern aufgebaut, das Restaurant mit der Küche, der Poolbereich, das Massagestudio und nicht zu vergessen eine Showbühne, wo die berühmten Persönlichkeiten auftreten können. Die blinde Passagierin muss darauf achten, dass sie einen klar abgegrenzten Bereich hat, wo sie das Diebesgut verstecken kann.

Spezielle Beachtung: die Lehrerin, die die Rolle der blinden Passagierin übernimmt, ist offiziell für die Kinder ein Schiffsgast. Den Schüler*innen wird nicht verraten, wer der blinde Passagier ist, sie müssen das während des Spiels selbst herausfinden. Die Rolle des blinden Passagiers darf kein Kind übernehmen und auch die Klassenlehrerin sollte nicht den blinden Passagier spielen. Die

Kinder dürfen sich auch Tierrollen aussuchen wie z.B. der Hund der berühmten Sängerin.

Schulgeschichte: Heute machen wir uns auf den Weg zu anderen Ufern – der Luxusliner »Queen Mary« startet am Hamburger Hafen mit einer Abenteuerreise in den Indischen Ozean, wo die Inselstaaten Indonesien und Sri Lanka angefahren werden. Die Anlegeplätze werden die große indonesische Hafenstadt Jakarta und Colombo, Sri Lankas Hauptstadt, sein. Hier gibt es für unsere geschätzten Passagiere jeweils die Möglichkeit, einen Tagesausflug begleitet von einem fachkundigen Führer zu buchen.

Allerdings werden wir unsere Reise größtenteils auf dem Meer verbringen. Die Touristen können sich auf dem Luxusliner sehr wohl fühlen!

An Board kümmern sich zahlreiche Besatzungsmitglieder um die Bedürfnisse der Urlauberinnen und Urlauber. Der Kapitän und sein Stellvertreter sind auf der Schiffsbrücke für die sichere Schiffssteuerung verantwortlich. Ein bis zwei Matrosen, die für die Gerätschaften im Maschinenraum zuständig sind und ebenso handwerkliche Tätigkeiten aller Art durchführen, arbeiten eng mit dem Kapitän und dessen Stellvertreter zusammen. Die Schiffsärztin und eventuell eine Krankenschwester versorgen die kranken Passagiere, bei der Masseurin können unterschiedliche Massagen gebucht werden. Der Schiffskoch und seine Kellnerin sorgen in der Kombüse und an Deck im Restaurant für das leibliche Wohl der Gäste. Der Schiffsdetektiv und die Polizistin kontrollieren die Sicherheit an Board.

Die berühmten Urlauberinnen und bekannten Persönlichkeiten fühlen sich sichtlich wohl auf dem Luxusliner und lassen es sich so richtig gut gehen. Sie besuchen das Restaurant und genießen das gute Essen, schwimmen im Pool oder lassen sich von der Masseurin im Massagestudio verwöhnen. Sie haben natürlich auch die Möglichkeit, auf der Showbühne aufzutreten, zu singen, zu tanzen etc. und dem begeisterten Publikum Autogramme zu geben. Aber Achtung! Es befindet sich ein Dieb unter den Passagieren. Einige Besucher haben bereits bei der Polizei oder beim Detektiv einen Schmuck- oder Gelddiebstahl gemeldet. Als Reaktion auf die Diebstähle hält der Kapitän eine Ansprache an die Urlauber – alle sollten achtsam sein und mögliche Hinweise oder unter Verdacht stehende Personen dringend bei der Polizei melden.

Das Ziel der Geschichte ist, dass die Kinder in ihren Spielrollen den blinden Passagier überführen und bei seiner Festnahme als Gruppe eine gemeinsame Entscheidung treffen, was mit dem blinden Passagier passieren soll (*diese Gruppenentscheidung ist von Klasse zu Klasse sehr unterschiedlich und es ist alles erlaubt. Es gibt Klassen, wo die Schiffsreisenden beschließen, den Dieb ins Meer zu werfen als Haifutter*). Die Entscheidung der Kinder über den blinden Passagier wird am Ende noch ausgespielt und vielleicht findet, je nach Spielzeit, ein Fest im Schiffsrestaurant statt.

Schulgeschichte Feuer im Safaripark

Kinderrollen: zwei circa gleich große Tiergruppen, die keine Tiernamen benötigen

1. Die Löwen: unterschiedliche Löwen, große, ausgewachsene, kleine, Babylöwen – männlich oder weiblich
2. Die Elefanten: unterschiedliche Elefanten, große, ausgewachsene, kleine, Babyelefanten – männlich oder weiblich

Schlüsselrollen für 3–4 Kinder: zwei Elefanten und zwei Löwen, die die Tierstation über den Brand informieren.

Rollen der Lehrerin/Spielleitung: eine Tierärztin auf der Tierstation, eine Tierpflegerin und eine Touristin, die sich von der Tierpflegerin mit dem Jeep herumfahren lässt und die Tiere bewundert. Die Touristin kann auch sehr ängstlich oder ungeschickt reagieren, kommt z.B. mit Stöckelschuhen in den Safaripark und hat Angst vor den Löwen (provoziert die Kinder umso mehr, ihre Zähne zu fletschen ...)

Bühne: der Löwenbereich mit der Höhle und den Bäumen, wo die Löwen herum klettern können, der Elefantenbereich mit den Bäumen und den Blättern, dazwischen als Verbindung in der Mitte befindet sich der Badeteich. Die Tierärztin kann mit der Tierpflegerin neben dem Badeteich die Tierstation aufbauen. Die Touristin kommt zu Spielbeginn zur Tierstation.

Spezielle Beachtung: Zuerst wird geschaut, dass das Spiel in Gang kommt und alle Tiere gefüttert werden. Vielleicht muss auch ein Tier verarztet werden. Die Touristin sorgt für Stimmung und provoziert, dass sich die Kinder stark fühlen und ihr Angst einjagen. Das Feuer wird danach von der Touristenrolle übernommen. Nachdem die Touristin die Szene verlassen hat, kommt es zum Feuerausbruch. Rote Stoffe stellen die Flammen dar, sie werden von der Lehrerin mit beiden Händen hochgehalten und in der Luft herumgewirbelt als Zeichen des lodernden Feuers.

Schulgeschichte: Die Sonne geht langsam auf in einem alten Safaripark in Westafrika. Mittlerweile kehrt nach Ende der langen Regenzeit der Sommer und die Hitze zurück, die Tage werden wieder länger und heißer und in den Nächten kann es trotz der Jahreszeit sehr kalt werden. In diesem Safaripark in Westafrika leben sehr viele Tiere. Einerseits ist er seit Generationen die Heimat der Löwen, die dort in einer nicht leicht zu findenden Steinhöhle leben. Von außen wird diese Steinhöhle durch große Büsche begrenzt, die in den Savannen Afrikas wachsen. Deshalb ist auf den ersten Blick der Eingang der Löwenhöhle kaum zu erkennen. Löwen sind Herdentiere, viele Löwenfamilien leben gemeinsam miteinander in der Höhle. Während die kleinen Löwenkinder nur unter Aufsicht ihrer Mütter die Höhle verlassen dürfen, gehen die ausgewachsenen Löwenväter auf Beutejagd. Sie sind Meister im Anschleichen und Aufspüren einer Fährte, sie können sehr gut hören und riechen. Ist der Löwe einmal einem Beutetier auf der Spur, begibt er sich in Angriffsposition, indem er sich ganz flach auf den Boden legt, jedoch jederzeit zum Sprung bereit ist. Löwen fressen zum Beispiel Antilopen, Gnus, Zebras, kleine Giraffen. Wird ein solches Tier von einem Löwen erlegt, kann eine ganze Löwenfamilie mehrere Tage davon leben. Auch an diesem Tag gehen die Löwen auf Beutejagd und kommen mit einem Beutetier zurück.

Andererseits leben auf der gegenüberliegenden Seite des alten Safariparks die Elefanten mit den großen Ohren – die afrikanischen Elefanten. Elefanten sind wie die Löwen Herdentiere. Für ihren Lebensraum ist eine Wasserstelle wichtig, die sie einmal täglich aufsuchen können. Wenn es der Wasserstand erlaubt, baden sie gerne und lassen manchmal beim Untertauchen nur den Rüssel aus dem Wasser heraushängen. Unsere Elefanten ruhen sich meist während der Mittagshitze und in der Nacht unter den hohen Akazienbäumen aus, deren Blätter sich auch ausgezeichnet als Futter anbieten. Beim Schlafen liegen die Elefanten entweder am Boden unter den Bäumen oder lehnen sich stehend gegen sie. Die Elefantenherde bleibt nicht immer am selben Ort, sie legt durchschnittlich am Tag 12 km zurück. Wenn die Elefanten Hunger haben, ernähren sie sich von Gräsern, Blättern, Zweigen und verschiedenen Früchten. Elefanten sind sehr friedliche Tiere, sie werden nur dann aggressiv, wenn die Elefantenkälber durch andere Tiere oder Menschen bedroht werden. Auch heute gehen sie zur Wasserstelle, trinken und baden dort, stärken sich für die Tagesreise und brechen dann auf und erkunden den Park. Dabei bleiben aber immer alle Elefanten zusammen. Danach ruhen sie sich unter den Akazienbäumen aus.

Weder die Löwenherde noch die Herde der Elefanten kennen einander und sie sind sich noch nie im Safaripark begegnet. Jedoch gibt es im Safaripark jemand, der beide Tierherden kennt und der sich auch um beide kümmert – die Tierärztin auf der Tierstation. Sie betreut mit der Tierpflegerin den Safaripark, fährt mit ihrem Jeep täglich hinaus in die unendliche Weite und beobachtet mit dem Fernglas, ob es auch allen Tieren gut geht. Ab und zu fährt sie mit dem Jeep direkt zu den Tieren, um nach dem Rechten zu sehen. Heute bleibt die Tierärztin auf der Station und schickt die Tierpflegerin, um nach den Elefanten und den Löwen zu schauen. Zuerst fährt die Tierpflegerin bei den Elefanten vorbei. Sie schaut, wie groß die kleinen Elefantenkälbchen schon geworden sind, sieht sich die Ohren und Stoßzähne der unterschiedlichen Elefanten an und sorgt für genügend Futter. Danach fährt sie zu den Löwen. Da die Löwen die Tierpflegerin kennen, traut sie sich auszusteigen und nach dem Rechten zu sehen. Auch bei den Löwen gibt es kleine Babies, die beobachtet werden müssen. Ganz vorsichtig nähert sich die Tierpflegerin den Jungen und streichelt sie. Man weiß ja nie, wie die Löwenmütter und -väter darauf reagieren, denn Löwen sind ja sehr starke und wachsame Tiere, die vom Menschen nicht unbedingt angefasst werden wollen. Als die Tiere versorgt sind, kehrt die Tierpflegerin in die Tierstation zurück und berichtet der Tierärztin, wie prächtig die Tiere sich entwickeln und dass es allen gut gehe. Sie ist erstaunt, dass sich beide Tiergruppen so gut alleine versorgen können.

Eine Touristin besucht die Tierstation, sie möchte die Tiere im Safaripark bewundern. Ihr Outfit und die Stöckelschuhe sind nicht wirklich für ein solches Unterfangen geeignet. Trotzdem besteht die Besucherin auf einer Safariparkführung. Sie zeigt sich ängstlich, als die Löwen direkt zum fahrenden Jeep herlaufen und schreit laut. Auch bei den Elefanten ist es nicht anders. Die Tierpflegerin ist froh, als sie die Tour glimpflich mit der Touristin beenden kann.

Während nun die Löwen und Elefanten weiter mit Fressen, Faulenzen, auf Felsen klettern beschäftigt sind, Zweige von den Bäumen herunterbrechen und sich an der Baumrinde kratzen, liegt plötzlich Brandgeruch in der Luft. Zuerst schnuppern die Tiere und überlegen, woher der Geruch kommen mag. Plötzlich sieht einer der Löwen und einer der Elefanten, wie hohe, rote und gelbe Flammen in der Ferne im Busch- und Grasland auftauchen. Sie merken, dass das Feuer immer näherkommt und beinahe ihren Unterschlupf erreicht. Da entscheiden sie unabhängig voneinander, in der Tierstation Hilfe zu holen.

Ganz außer Atem kommen ein paar Löwen und einige Elefanten dort an und durch Brüllen und Tröten machen sie die Tierärztin und die Tierpflegerin aufmerksam, dass etwas nicht stimmt. Zuerst wissen diese nicht, was los ist. Die Tiere zeigen jedoch immer in dieselbe Richtung, wo der Safaripark brennt. Mit einem Fernglas erkennt die Tierärztin in der Ferne das Feuer. Sie müssen schnell darauf reagieren, um die drohende Zerstörung des Safariparks zu verhindern. Die Tierärztin ruft per Funkgerät die Feuerwehr an. Jedoch ist es ein weiter Weg, bis die Feuerwehr den Safaripark erreichen wird. Bis dahin sind sie auf sich allein gestellt. Daher wird beschlossen, dass sie selbst mit Hilfe der Tiere beginnen, das Feuer zu löschen. Die Tierärztin und Tierpflegerin nehmen viele Behälter, Kübel und Eimer mit und dann laufen sie zur Wasserstelle. Die Elefanten mit ihren Rüsseln saugen ganz viel Wasser ein und füllen das Wasser in die Kübel und Eimer, die bereitstehen. Die Löwen nehmen die Kübel ins Maul und laufen zu der Stelle, wo das Feuer brennt. Sie leeren die Wasserkübel nahe dem Boden zum Löschen aus. Die Elefanten saugen sich nochmals die Rüssel voll, laufen zum Feuer und spritzen das Wasser hoch über das Feuer. Auf diese Weise wird das Feuer durch die Löwen von unten und durch die Elefanten von oben gelöscht. Die Tiere und die beiden Frauen müssen oft laufen, da das Feuer immer wieder durch den Wind entfacht wird und abermals zu brennen beginnt. Die Feuerwehr lässt auf sich warten. Die Tiere geben ihr Bestes und setzen all ihre Kraft und den Mut ein, um das Feuer zu löschen. Sie wollen verhindern, dass ihr zu Hause mit den schönen Bäumen und der Tierstation abbrennt. Sie löschen unentwegt, bis die Sonne schon beinahe untergeht und das Feuer endgültig und vollkommen erloschen ist. Sie sind total erschöpft, aber stolz, dass sie mit vereinten Kräften das Feuer besiegen konnten.

Zufrieden gehen alle gemeinsam zur Tierstation zurück, wo sie zuerst einmal eine ordentliche Portion Futter bekommen. Die Tierärztin geht noch einmal gemeinsam mit der Tierpflegerin zu jedem einzelnen Tier und schaut, ob es Brandwunden hat oder verletzt wurde. Wenn die Tierärztin Verletzungen entdeckt, behandelt sie diese, legt kühlende Verbände auf, streicht Salben darauf und lobt und streichelt die Tiere für ihren Mut und den tollen Einsatz.

Diese gute Nachricht spricht sich bald herum. Die Presse erscheint sogleich mit dem Hubschrauber, die Tiere und der Safaripark werden gefilmt. Im Fernsehen wird die außerordentliche Heldentat der Tiere und der Frauen auf der Tierstation übertragen. Daraufhin meldet sich der Präsident persönlich und überreicht dem Safaripark einen großzügigen Scheck. Mit diesem Geld kann das Tierfutter für ein Jahr gekauft und neue Wasservorräte angelegt werden. Das Geld sichert das Überleben der Tiere und belohnt ihren großen Mut. Nach all diesen Aufregungen und Anstrengungen kehren die Tiere in ihre Behausungen zurück und legen sich hin zum Schlafen bis zum nächsten Tag. So endet das heutige Spiel.

Schulgeschichte Unterwasserwelt

Kinderrollen: Zwei gleich große Tiergruppen, die keine Tiernamen benötigen

1. Die Kaiserfische (blau-gelb), unterschiedliche Kaiserfische, große, mittlere, kleine Kaiserfische, Babys – männlich oder weiblich
2. Die Clownfische (orange-weiß – wie Nemo), unterschiedliche Clownfische, große, mittlere, kleine Clownfische, Babys – männlich oder weiblich

Schlüsselrollen für 3–4 Kinder: Zwei Kaiserfische und ein Clownfisch, die die Fische anführen und das Auge des großen Fisches bilden. Ein Clownfisch, der die entscheidende Idee einbringt.
    Rollen der Lehrerin/Spielleitung: Ein Hai, eine Moräne, eine weise Wasserschildkröte (Klassenlehrerin)
    Bühne: der Clownfischbereich mit einer klaren Abgrenzung – wichtig, dass der Hai nicht hineinkommt, der Kaiserfischbereich mit einem ebenso abgegrenzten Bereich. Die weise Schildkröte wohnt am Rande dazwischen in einer großen Höhle, die die Fische entdecken, in der Mitte ist die Bühne offen zum Herumschwimmen

und sich begegnen – Begegnungszone. Die Lehrerinnen in der Moränen- bzw. in der Hairolle sind zunächst Clownfisch- bzw. Kaiserfischeltern, die die jeweilige Tiergruppe strukturieren. Sie wechseln erst in die bedrohlichen Rollen, nachdem das Spiel in Gang gekommen ist.

Spezielle Beachtung: Diese Geschichte schafft eine hervorragende Möglichkeit, Ruhe in die Klasse zu bringen. Denn die Unterwasserwelt ist eine stille Welt. Sie kann gut mit jüngeren Schüler*innen gespielt werden, weil die Fischrolle nicht wirklich ausdifferenziert werden kann.

Schulgeschichte: Wir befinden uns mitten im tiefen Ozean. Hier unten herrscht große Stille, als wäre die Zeit stehen geblieben. Doch wenn wir uns genau umsehen, können wir viel entdecken. Hier gibt es die farbenprächtigsten Wasserpflanzen, wunderschöne Korallen und geheimnisvolle Höhlen, in denen manchmal ein Fisch lebt. Kleine, bunte, schillernde Fischschwärme huschen vorbei, alles wirkt friedlich und ruhig.

Eine kleine Gruppe junger Clownfische ist unterwegs, sie dürfen heute ihren ersten Ausflug ohne Eltern machen. Die Kleinen sind sehr aufgeregt und neugierig und werden erst langsam mit den Gefahren des Ozeans vertraut. Übermütig gehen sie auf Entdeckungsreise, schnuppern an den vielen bunten Pflanzen, eifern sich im Wettschwimmen und staunen, wenn sie etwas Neues entdecken. Sie gehen auf Futtersuche und schnappen hier und da nach kleinen Würmern oder winzigen Fischen.

Es gibt so viel zu sehen, dass sie gar nicht auf den Weg achten. Plötzlich taucht vor ihnen eine große dunkle Höhle auf. Ohne zu überlegen schwimmen sie gemeinsam hinein. In der Höhle befinden sich viele geheimnisvolle Gänge und je tiefer sie hinein schwimmen, umso dunkler wird es.

Langsam wird es ihnen etwas unheimlich, doch sie sind viel zu neugierig, um umzukehren. Sie rücken ganz eng zusammen und schauen sich bei jeder Wegbiegung vorsichtig um. Da es jetzt stockfinster ist, bekommen sie es mit der Angst zu tun. Aufgeregt schwirren sie hin und her. Plötzlich entdecken sie vor sich mehrere aufsteigende Luftblasen. Das deutet auf einen anderen Fisch hin! Ehe sie überlegen können, ob der Fisch wohl gefährlich ist oder nicht, spüren sie sein großes, weit geöffnetes Maul vor sich. So schnell sie können drehen sie um und schwimmen drauf los, so dass sie möglichst schnell von dort wegkommen. Heftiges Herzpochen und die Angst, jeden Moment erwischt zu werden, verleihen ihnen eine ungeheure Kraft. Sie rücken eng zusammen und versuchen, den Ausgang der Höhle zu finden. Nach einigen Wegbiegungen sehen sie von weitem einen hellen Lichtschein. Eilig schwimmen sie diesem entgegen. Als sie kurz vor dem Ausgang sind, kommt wie aus dem Nichts ein großer Fisch angeschossen. Es ist eine gefährliche Moräne! Blitzschnell schwimmen alle in verschiedene Richtungen und können ihr nur knapp entkommen. Als sie sich umsehen, stellen sie fest, dass sie überhaupt keine Ahnung haben, wo sie sich befinden. In dieser Gegend sind sie noch nie gewesen. Sicher werden sich ihre Eltern schon große Sorgen machen. Ihnen wird ganz mulmig zumute und sie wissen erst mal nicht, wie es weitergehen soll.

An einer anderen Stelle im Ozean schwimmen junge Kaiserfische fröhlich und munter im Wasser herum. Sie genießen das milde, ruhige Wasser und verstecken sich im Seegras und in den Korallenriffen. Sie schwimmen um die Wette und spielen, wer sich am besten verstecken kann. Übermütig tollen sie im Gewässer herum. Sie beobachten andere bunte Fischschwärme, und etwas weiter weg bemerken sie, wie eine Wasserschildkröte gemächlich und langsam dahin schwimmt. Sie schwimmen auf sie zu und begrüßen sie. Es stellt sich heraus, dass dies eine besonders kluge und weise Wasserschildkröte ist, die mit Rat und Tat zur Seite steht, wenn es brenzlig wird. Die Wasserschildkröte zeigt ihnen ihre Höhle, die innen geräumig ist, aber eher einen kleinen Eingang hat. Einer der Fische bleibt an einem spitzen Stein kurz hängen und verletzt sich leicht, sodass er ein paar Tropfen Blut verliert.

Von weitem hat jemand das bisschen Blut bereits gerochen. Noch ahnen die Kaiserfische nichts von der Gefahr! Angelockt von dem

Blutgeruch nähert sich ein Hai, der fette Beute vermutet. Als er die Kaiserfische entdeckt, versteckt er sich zunächst geschickt, um dann urplötzlich aus dem Hinterhalt anzugreifen. Völlig überrascht registrieren die Kaiserfische, dass hier große Gefahr droht. Blitzschnell schwimmen sie davon und finden vorerst Unterschlupf in der Höhle der Schildkröte. Erschöpft ziehen sie sich in die Höhle zurück. Plötzlich hören und sehen sie weiter weg lauter verstreut schwimmende Clownfische, die herumirren. Ein paar der Kaiserfische schwimmen zu ihnen, um sie auf die Gefahr des Hais aufmerksam zu machen. Gemeinsam schwimmen sie in die sichere Höhle der Wasserschildkröte. Die Clownfische berichten, dass sie nur knapp einem Angriff einer riesigen Moräne entkommen sind.

Gemeinsam überlegen sie sich in der Höhle der Wasserschildkröte einen Plan, wie sie die beiden Raubfische ablenken und täuschen können. Der Hai und die Moräne schwimmen vor der Höhle in einiger Entfernung unruhig und abwartend hin und her. Sie können nicht in die Wasserschildkrötenhöhle mit dem kleinen Eingang hinein schwimmen. Plötzlich hat ein Clownfisch die entscheidende Idee. Die einzige Chance, die die kleinen Fische gegenüber den Raubfischen haben ist, dass sie sich alle zusammen zu einem großen Fisch formieren. Dies kann aber nur dann gelingen, wenn sie ganz eng und lückenlos zusammenschwimmen. Drei Fische bilden die Augen des Riesenfisches, die anderen modellieren gemeinsam den großen Fisch mit Rückenflossen und Schwanzflosse. Die Schildkröte kontrolliert nochmals genau, ob alle Fische die richtige Position einnehmen. Bevor die kleinen Fische als großer Fisch los schwimmen, gibt die Schildkröte ihnen noch einen Tipp mit auf den Weg. Bleibt alle zusammen und vermeidet Lücken! Ansonsten sehen die beiden Raubfische sofort den Spalt und greifen die vielen kleinen Fische an. Die Kaiser- und Clownfische nehmen sich den Ratschlag der weisen Wasserschildkröte zu Herzen. Langsam schwimmen sie los, was gar nicht so einfach ist. Als sie kurz vor dem Höhlenausgang angelangt sind, überprüfen sie nochmals genau, ob auch keine Lücke zwischen den Fischen entstanden ist. Schließlich fassen sie allen Mut zusammen und schwimmen hinaus, wo die Raubfische bereits lauern. Als diese den riesigen Fisch bemerken, bekommen sie es mit der Angst zu tun. Einen so großen Fisch haben sie noch nie gesehen. Sie verstecken sich hinter großen Steinen und beobachten den fremdartigen Fisch. Die kleinen Fische jedoch schwimmen in ihrer Formation langsam weiter, obwohl ihre Herzen vor Angst ganz laut pochen. Der Hai und die Moräne suchen das Weite, da sie glauben, keine Chance gegen den großen Fisch zu haben.

Die kleinen Fische haben es geschafft! Sie sind in Sicherheit und sehr froh, dass sie sich durch das gute Zusammenhalten gerettet haben. In diesem Wissen trennen sich die beiden Fischgruppen voneinander, die Clown- als auch die Kaiserfische kehren zu ihrem Schwarm zurück. Doch sie kehren nicht mehr als der selbige zurück. Das heutige Erlebnis hat sie auf besondere Weise geprägt. Nun haben sie erfahren, dass Zusammenhalt stark macht!

Schulgeschichte Der Sieg über den bösen Zauberer

Kinderrollen: die Dorfbewohner von Gilda: die Bürgermeisterin, der Dorfrat, unterschiedliche Händler wie Stoffhändler, Lebensmittelhändler, ein Schmied, der Schwerter schmiedet, Koch, Kellner im Restaurant, Familien – Kinder und ihre Eltern.

Schlüsselrollen für 3–4 Kinder: die zwei entführten Kinder, die Fee, mutiger Dorfbewohner, der dem Drachen den Schlaftrunk hinstellt.

Rollen der Lehrerin/Spielleitung: der böse Zauberer Gruselnix, feuerspeiender Drache, Küchenhilfe im Restaurant (Klassenlehrerin).

Bühne: das durch die Dorfmauer geschützte Dorf Gilda, wo die Dorfbewohner ihre Schlaf- und Wohnplätze haben, das Schloss des Zauberers mit der Schlossmauer und dem Burgverlies auf der anderen Seite des Klassenraumes,

Spezielle Beachtung: diese Schulgeschichte eignet sich hervorragend zur Strukturierung der Klasse und einer gemeinschaftlichen Erfahrung. Die Erwachsene, die die Drachenrolle übernimmt, ist zunächst beim Aufbau des Dorfes und im Spiel in einer Hilfs-Ich-Rolle mit dabei z. B. im Dorfrat. Zuerst beginnt das Spiel mit dem Tagesgeschehen, der böse Zauberer hält sich zurück, damit die Kinder ins Spiel kommen. Dann wird es Nacht und der böse Zauberer kommt und zerstört einige Dinge im Dorf und entführt die Kinder.

Schulgeschichte: Es war einmal ein Dorf inmitten eines Tannenwaldes mit dem Namen Gilda. Gilda schien auf den ersten Anblick ein normales, friedliches Dorf zu sein, in dem die Dorfbewohner ihren alltäglichen Arbeiten nachgingen. Aber in Wirklichkeit war es gar nicht friedlich. Es wurde nämlich vom bösen Zauberer Gruselnix seit Jahren in Angst und Schrecken versetzt. Dieser wohnte in einem prächtigen Schloss, umgeben von einer hohen Schlossmauer, auf einer Anhöhe in der Nähe des Dorfes. Meistens überfiel der Zauberer das Dorf in der Nacht, wenn alle schliefen. Als die Dorfbewohner am folgenden Tag darauf aufmerksam wurden, war Gruselnix bereits wieder verschwunden. Noch kein tapferer Ritter, der mutig in den Kampf gegen den Zauberer Gruselnix zog, hatte es je geschafft, in das Innere des Schlosses vorzudringen. Denn der Zauberer verfügte nicht nur über eine ungewöhnliche Zauberkraft, sondern auch über einen feuerspeienden Drachen, der die Schlossmauern bewachte. Mit der Zeit begannen die Dorfbewohner, sich mit der Gefahr des Zauberers abzufinden und ein halbwegs normales Leben zu führen.

Doch eines Nachts erschien der Zauberer abermals im Dorf und entführte zwei Kinder aus ihren Häusern. Wie groß waren der Schrecken und das Entsetzen der Eltern, als sie dies am nächsten Morgen entdeckten. Sie gingen zum Bürgermeister des Dorfes, der sofort den Dorfrat zusammenrief, um über die weitere Vorgehensweise gegenüber dem Zauberer zu beratschlagen. Es mussten drei Hürden bezwungen werden: Die erste Hürde bestand darin, den Drachen vor der Schlossmauer zu besiegen, die zweite Hürde war, durch das dicke Schlosstor in den Schlossgarten zu gelangen, und die dritte Hürde war, den Zauberer in irgendeiner Weise zu bezwingen.

Erst dann konnten die gefangenen Kinder befreit werden. Während die unterschiedlichsten Ideen zur Beseitigung des Zauberers eingebracht wurden, trat auf einmal aus dem Nichts unter den Bewohnern eine Frau hervor. Die rätselhafte Frau erzählte den Dorfbewohnern, dass sie eine Fee sei und von ihrer Feenchefin ins Dorf geschickt wurde, um ihnen im Kampf gegen den bösen Zauberer zu helfen. Sie stellte sich vor die Leute und sprach: »Ihr habt nur eine Chance, den Zauberer für immer zu beseitigen, ihr alle müsst gemeinsam gegen ihn vorgehen! Nur ihr alle gemeinsam könnt den Zauberer besiegen und somit das Dorf von der großen Gefahr befreien.« Die Fee war angeblich im Stande, einen Trank zu brauen, der einerseits das Erinnerungsvermögen des Zauberers für immer löschen konnte und andererseits den Drachen für zwei Tage in tiefen Schlaf versetzte. Auch zur Bewältigung der Burgmauer hatte die Unbekannte eine gute Idee – einen Tunnel graben. Die begeisterten Dorfbewohner inklusive des Bürgermeisters baten die Fee, sogleich mit der Arbeit zu beginnen.

Die Fee nahm ihren mitgebrachten Kessel zur Hand, füllte ihn mit Wasser und zog unterschiedliche Kräuter aus ihrer Tasche, um den Schlaftrank für den Drachen und den Trank für den Zauberer herzustellen. Ein besonders mutiger Dorfbewohner sollte dann am späteren Abend, während die übrigen im Gebüsch lauerten, dem Drachen einen Fressnapf mit dem Schlaftrunk hinstellen. Sobald der Drache in den Tiefschlaf verfallen war, begannen alle gemeinsam mit den Tunnelgrabungen unter der Burgmauer. Laut Plan mussten die Bewohner eine lange Kette bilden, indem jeder eng neben dem anderen stand und die Erde an den nächsten weitergab. Dies war sicherlich die anstrengendste Arbeit, aber die gefährlichste lag noch vor ihnen – dem Zauberer den Trank einzuflößen. Bei dieser Hürde half die Fee den Dorfbewohnern ein bisschen. Sie machte sich unsichtbar, flog in das Wohnzimmer des Zauberers und stellte ihm den Trank (eine Mischung aus Schlaftrank und Löschung des Erinnerungsvermögens) in einer Tasse auf den Tisch. Sogleich sah der Zauberer das duftende Getränk und nahm einen großen Schluck davon. Es schmeckte ihm so gut, dass er die ganze Tasse in einem Zug austrank. Sogleich verfiel er wie sein Drache in einen tiefen Schlaf. Währenddessen öffnete die Fee den Dorfbewohnern das Schlosstor. Gemeinsam fesselten sie den bösen Zauberer, warfen ihn ins Burggefängnis und befreiten die beiden Kinder. Alle waren sehr glücklich und stolz, dass sie diese große Hürde so gut geschafft hatten. Sie feierten ein großes Fest und waren endlich für immer vom Spuck des bösen Zauberers befreit!

Schulgeschichte Zirkus Maximus

Kinderrollen: es ist offen, wie viele Kinder Tierrollen einnehmen und wer eine menschliche Artistenrolle übernimmt.
Zirkustiere: eine mutige Raubkatzengruppe, eine außergewöhnliche Bärengruppe (zwei Tiergruppen) mit Namen
Zirkusartisten: wie zum Beispiel ein Clown, Seiltänzerinnen, die Zirkusdirektorin, die durch das Programm führt, Messerwerfer, Zauberer, eine Feuerschluckerin, ein Popkorn- und Kartenverkäufer usw. ebenso mit Namen
Schlüsselrollen für 3–4 Kinder: Zirkusdirektorin, besondere Zirkusbesucherin wie z. B. die Bürgermeisterin der Stadt, Zauberer, Feuerschlucker
Rollen der Lehrerin/Spielleitung: eine Dompteuse für die Löwen (Klassenlehrerin), eine Dompteuse für die Bären, eine ungeduldige Reporterin
Bühne: in der Mitte des Klassenraumes wird ein großes Zirkuszelt aufgebaut, mit einer großen Manege für die Auftritte und Sitzmöglichkeiten am Rande. Rund um das Zirkuszelt sind die einzelnen Artisten und die Tiergruppen angesiedelt.
Spezielle Beachtung: bei diesem Spiel gibt es keine Außenfeindrollen, es geht speziell um Bewunderung der Kinder. Dieses Spiel eignet sich hervorragend als Anfangs- oder Schlussspiel. Zuerst wird bei Spielbeginn geprobt, danach findet die Aufführung statt und die Zirkusdirektorin muss klarstellen, wer als erstes, zweites usw. drankommt. Während der Vorstellung nehmen alle im Publikum Platz, die gerade nicht aufführen. Am Ende der

Vorstellung kommen nochmals alle Artisten in die Manege und lassen sich vom Publikum beklatschen. Die nachfolgende Schulgeschichte ist lediglich eine Anregung, wie die Abfolge der Spielszenen vonstattengehen kann. Am Anfang der Projekteinheit kann die Frage stehen, wer von den Kindern schon einmal in einem Zirkus war.

Schulgeschichte: Unsere heutige Geschichte spielt in einem Zirkus und zwar im Zirkus Maximus. Es ist der weltgrößte und berühmteste Zirkus aller Zeiten! Er ist bekannt für die außergewöhnlichsten und atemberaubendsten Tiernummern, die die Zuschauer je gesehen haben. Die Geschichte beginnt damit, dass jeweils eine Löwengruppe ihre Zirkusnummer mit der Dompteuse einstudiert. Die Löwen kommen nach der Reihe in die Arena und stellen sich in einer Reihe auf, dann kommt die Dompteuse mit einem Reifen und die Löwen springen bravourös durch den Reifen, ohne ihn zu berühren. Anschließend werden zwei Reifen hochgehalten und die Löwen springen mehrmals nacheinander durch beide Reifen. Das alleine ist schon eine besondere Leistung. Dann bringt die Dompteuse einen brennenden Reifen und alle Löwen springen anmutig durch den Feuerreifen. Manchmal kommt es vor, dass sich ein Löwe das Fell etwas verbrennt. Die Dompteuse ist sogleich mit kühlenden Salben und Wasser zum Abkühlen zur Stelle. Nach getaner Arbeit werden die Löwen mit viel frischem Fleischfutter und besonders kühlem Wasser versorgt. Sie fressen mit Genuss ihr Futter, denn Arbeit macht hungrig!

Zeitgleich probt die Gruppe der Bären in ihrer Probearena die berühmte Nummer. Sie stehen alle in einem Kreis auf ihren Hinterpfoten und richten sich zu voller Größe auf. Dann wirft die Dompteuse einem Bären einen Ball zu und der gibt den Ball dem nächsten Bären weiter, bis der Ball wieder beim ersten Bären ankommt. Der wirft ihn wieder der Dompteuse zurück. Kurz darauf stehen alle Bären auf zwei Pfoten, drehen sich einmal um sich selbst. Nun gehen sie aufgerichtet gemeinsam im Kreis eine Runde und ihre Vorderpfoten berühren jeweils die Schulter des vorderen Bären. Nach der Kreisrunde gibt die Dompteuse wieder einem Bären den Ball, dieser wirft den Ball zu einem anderen Bären und so entsteht ein Ballspiel, das man bei Bären so noch nie gesehen hat. Natürlich dürfen auch die Bären nach dieser Probe pausieren und sie bekommen eine große Essensration mit vielen Äpfeln, Birnen, Brote etc. und viel frisches Wasser zum Trinken. Manchmal kann es auch vorkommen, dass ein Ball einen Bären am Kopf trifft, so werden auch diese Bären mit kühlen Verbänden versorgt.

Die Bären sowie die Löwen kennen ihre Dompteuse gut und sind sehr zutraulich, schließlich wurden sie von den Dompteusen wie von einer Mutter großgezogen. Die Tiere lassen sich von ihnen streicheln und kraulen. Sie verwöhnen sie auch mal so richtig, indem sie ihnen das Fell bürsten. Wenn es besonders heiß ist, dürfen die Bären im Teich plantschen.

Im Zirkus Maximus zeigen auch Artistinnen und Artisten wie ein Clown, Seiltänzerinnen, die Zirkusdirektorin, die für das Programm und die Ansage zuständig ist, ein Messerwerfer, eine Feuerschluckerin, ein Popkorn- und Kartenverkäufer ihre Künste dem Publikum. Eines Tages kommt eine Fernsehreporterin des größten Fernsehsenders in den Zirkus. Die Tiere sind Fremden gegenüber immer etwas misstrauisch und eher zurückhaltend. Sie lassen sich nicht einfach so streicheln. Die Fernsehreporterin ist begeistert von den Tieren und den Zirkusartisten. Sie hat noch nie so tolle Artisten und Tiere gesehen, die so gut gepflegt sind und ganz seidig glänzende Felle haben. Sie traut sich jedoch nicht näher an die Tiere heran, denn sie bemerkt, dass die Tiere Fremden gegenüber vorsichtig sind. Die Fernsehreporterin möchte nur eine Tiergruppe beim Auftritt filmen, da sie im Fernsehen nicht genügend Sendezeit für alle Aufführungen bekommt. Sie meint, dass die Zirkusdirektorin entscheiden soll, wer gefilmt wird. Die Zirkusdirektorin zeigt sich damit nicht einverstanden und verlangt, dass entweder alle oder keiner ins Fernsehen kommen sollen. Denn es sind alle einzigartig und herausragend und die Zirkusdirektorin will nicht, dass jemand zurückstehen muss. Die Fernsehreporterin wird ungeduldig und meint nun, dass sie sich endlich entscheiden müssten. Sie habe nicht den ganzen Tag Zeit. Die

Zirkusdirektorin, die Dompteusen, die Artisten und die Tiere ziehen sich zurück und beratschlagen die beste Lösung für alle. Am Ende findet dann doch die Vorstellung statt, wo alle Tiere und Artisten gefilmt werden. Alle sind ausnahmslos davon begeistert. Die Vorstellung wird sogar weltweit live übertragen und ganz viele Menschen verfolgen sie im Fernsehen. Viele möchten persönlich in den Zirkus Maximus kommen. Die Bürgermeisterin der Stadt sichert dem Zirkus einen großen Geldspendenbetrag zu, sodass wieder viel Futter für die Tiere eingekauft werden kann.

Schulgeschichte Ritterburg

Kinderrollen: die Burgbewohner im Mittelalter: die Königin, der König, der Prinz, die Prinzessin, eine Schmiedin, Ritter und Ritterinnen, zwei Burgwächter, ein Koch, Diener, Bauer und Bäuerin, vielleicht auch Tiere wie Hunde, Katzen, Esel, Pferde.

Schlüsselrollen für 3–4 Kinder: der König, die Königin, zwei Burgwächter

Rollen der Lehrerin/Spielleitung: der neidische Ritter der fremden Burg, der sich als Händler tarnt und den Schatz stehlen will, Dienerin, Schwertmeister (Klassenlehrerin).

Bühne: Auf der einen Klassenraumseite wird die große Ritterburg aufgebaut. Da wohnen alle Kinder als Burgbewohner in ihren unterschiedlichen Rollen. Die Schatzkammer und das Burgverlies dürfen in der Ritterburg nicht fehlen. Die Burg muss durch eine Burgmauer, einen Burggraben und eine Zugbrücke klar abgegrenzt werden. Auf der anderen Seite baut die feindliche Ritterin (Erwachsene) eine kleine, ebenso klar abgegrenzte Burg auf. Zwischen den beiden Burgen braucht es genügend Freifläche, wo gekämpft werden kann. Zwischen den Ritterburgen sollten grüne Stoffe als Bäume aufgehängt werden, damit sich der feindliche Ritter unbemerkt anschleichen kann.

8 11 Beziehungsstiftende Geschichten

Spezielle Beachtung: Die Schwimmschlangen werden als Schwerter verwendet. Um dies gut zu regulieren, braucht es einen Schwertmeister (Klassenlehrerin), der bereits beim Aufbau alle Schwerter in der Schwertkammer deponiert. Erst bei Spielbeginn werden die Schwerter an die Ritter und die Burgwächter verteilt und der Schwertmeister kann auch mit einzelnen Rittern Übungskämpfe durchführen, die Schwerter zur Schmiedin bringen etc. Der Schwertmeister muss während des Aufbaus und im Spiel auf die Struktur achten und darauf, dass die Schwimmschlangen von den Kindern nicht destruktiv gegeneinander eingesetzt werden. Den Spielausgang dürfen alle gemeinsam bestimmen und er fällt je nach Klassendynamik unterschiedlich aus. Die einen Klassen töten den bösen Ritter, die anderen lassen ihn frei und geben ihm eine zweite Chance. Alles ist im Spiel im »So-tun-als-ob-Modus« erlaubt und sollte nicht bewertet werden.

Schulgeschichte: Auf einer besonders schön gelegenen Anhöhe liegt die Burg Ebenstein. Es ist eine sehr reiche Burg und wird von einer schönen, intelligenten Königin und einem klugen, liebevollen König regiert. Die Burg wurde zwar schon öfters Ziel feindlicher Angriffe, jedoch konnte sie dank der guten Lage, dem schützenden Burggraben und den guten Burgwächtern noch nie von Feinden erobert werden. Auch in der heutigen Spielgeschichte gibt es einen neidischen Ritter, der insgeheim einen Plan aushecken, wie er ins Burginnere vordringen, den Schatz stehlen und die Königin entführen kann.

Die nichtsahnenden Burgbewohner leben friedlich auf der Burg, alle gehen ihren gewohnten Tätigkeiten nach. Die Schmiedin macht Feuer in ihrem Feuerkessel, um neue Schwerte zu schmieden und die stumpfen zu schärfen, der Schwertmeister übt mit den Rittern den Schwertkampf, das Königspaar auf seinem Thron lässt sich von der Burgköchin verwöhnen, der Bauer und die Bäuerin verkaufen ihre Produkte auf dem Marktplatz, die Prinzessin striegelt ihr Pferd, die Dienerin bringt dem Prinz neue Kleider. An diesem Tag gibt es ein besonderes Ereignis – ein fremder Händler bittet die Wachen, ihm

Einlass in die Burg zu gewähren. Er hätte wunderschöne Stoffe aus dem Orient, die schönsten und feinsten überhaupt, aus denen man wunderbare Kleider für den König und die Königin schneidern könnte. Während ein Wächter beim Händler bleibt, geht der andere Wächter zum Thronsaal und fragt das Königspaar, ob dem Fremden eine Audienz gewährt werden sollte. Der Wächter hat allerdings bei diesem Händler ein ungutes Gefühl, was er auch seinen Hoheiten mitteilt. Da aber beide sehr gutgläubig sind, bitten sie den Händler zu sich in den Thronsaal. Alle Burgbewohner beäugen den Fremden. Er führt der Königin und dem König die schönen Stoffe vor und macht sich sogleich ein Bild vom Burginneren. Ganz nebenbei versucht er auszukundschaften, wo sich der Burgschatz befindet. Das kommt jetzt auch der Königin und dem König merkwürdig vor und sie bitten ihn zu gehen. Da wird der Händler ungehalten, greift zum Messer und hält es der Königin an den Hals. Er droht dem König, die Königin umzubringen, wenn er nicht seinen Goldschatz herausrückt und ihm diesen bei Sonnenuntergang im Zwischenland übergibt. Tatsächlich gelingt dem Händler die Flucht mit der Königin als Geisel. Der verzweifelte König ruft seinen Hofstaat herbei, um zu beratschlagen, was zu tun ist. Jeder darf seine Meinung kundtun und schließlich entsteht ein genau ausgeklügelter Plan.

Inzwischen geht die Sonne langsam unter und der König macht sich auf, dem falschen Händler den Schatz zu übergeben und die Königin wieder in Empfang zu nehmen. Die Ritter verstecken sich im Zwischenland, legen sich auf die Lauer und warten auf den Befehl des Königs anzugreifen. Zuerst muss aber die Königin übergeben werden, danach darf der Angriff starten. Der feindliche Ritter wartet bereits mit der gefesselten Königin. Der König geht auf ihn zu, zeigt ihm die Schatzkiste voller Gold und fordert den Ritter auf, die Königin sofort freizulassen. Als die Königin in Sicherheit ist, greifen die Ritter an und können den durchtriebenen Ritter ergreifen.

Gemeinsam mit dem ganzen Hofstaat wird beratschlagt, was mit dem bösen Ritter geschehen soll. Danach wird ein großes Burgfest veranstaltet und der Sieg über den bösen Ritter gebührend gefeiert! So endet die heutige Spielgeschichte.

Schulgeschichte Bergexpedition auf den Mount Everest

Kinderrollen: Zwei Gruppen:

1. Gruppe: Das Forscherteam, bestehend aus den weltbesten Forschern und Sherpas
2. Gruppe: Das Krankenhausteam, bestehend aus unterschiedlichen Ärzten, Krankenschwestern, einem Krankenhauskoch, einem Hubschrauberpiloten und einem Co-Piloten und Notärzten.

Schlüsselrollen für 3–4 Kinder: im Forscherteam: eine Forscherin mit dem Notrufgerät, ein Forscher, der die Expedition anführt, im Krankenhausteam: Ärztin, die den Notruf in Empfang nimmt, ein Hubschrauberpilot.
Rollen der Lehrerin/Spielleitung: Sherpa beim Forscherteam, Leiterin des Basislagers und Lawine (mit großen, weißen Tüchern Lawine darstellen – Klassenlehrerin), Inspektorin, die das Krankenhaus inspiziert und sich zeigen lässt, was es alles gibt, sich ungeschickter Weise bei der Inspektion verletzt und verarztet wird. Bei Spielende Rollenwechsel der Klassenlehrerin in den Minister von Nepal, der Forscher und Krankenhausteam ehrt und andere Lehrerin wechselt ebenso aus Sherpa Rolle in die Rolle der Kamerafrau.
Bühne: Zwei Schauplätze zu Beginn: Basislager fürs Forscherteam und der Weg zum Mount Everest mit dem Gipfel, Krankenhaus mit Patientenbetten, Räume für Ärzte und Pflegeteam, Hubschrauberplatz fürs Hubschrauber- und Notärzteteam.
Spezielle Beachtung: Alle Forscherinnen und Forscher werden tatsächlich vor Start der Bergexpedition angeseilt, um das Wir-Gefühl zu stärken. Das Spiel beginnt bei dem Forschertrupp mit dem Frühstück im Basislager, beim Krankenhausteam mit dem Besuch der Inspektorin. Die beiden Spielschauplätze laufen parallel nebeneinander und werden durch den Notruf des Forschers durch die Rettungsaktion des Hubschrauberteams zusammengeführt. Die

zeitliche Abstimmung beider Gruppen gilt es im Spiel zu beachten, was nicht immer ganz einfach ist.

Schulgeschichte: Unser heutiges Abenteuer führt uns nach Asien in das Himalaya Gebiet, wo sich die höchsten Berge der Welt befinden. Dort trägt es sich zu, dass ein weltberühmtes Forscherteam im Basislager gerade mit den letzten Vorbereitungen beschäftigt ist, den höchsten Berg der Welt, den Mount Everest, zu besteigen. Ihr Ziel ist es, auf der Bergspitze besondere Heilsteine zu finden, mit deren Heilkraft vielen kranken Menschen geholfen werden kann. Die internationalen Gelehrten haben schon viel über die Heilsteine geforscht und wissen, dass diese nur in den Bergen des Himalaya Gebietes zu finden sind. Die weltweit angereisten Forscher und Forscherinnen befinden sich im Basislager am Fuße des Mount Everests. Es ist früh am Morgen. Die Forscher überprüfen ihre Essens- und Trinkvorräte und checken ihre Mess- und Suchgeräte durch. Das Forscherteam besteht aus verschiedensten Experten und Expertinnen – eine Computerexpertin, die detaillierte Berechnungen über den Berg anstellt, einen Fotografen, der alles fotografisch dokumentiert, was gefunden wird, und der auch die Expedition dokumentiert. Dann gibt es noch Schneeforscher und Wetterforscher, die genau sagen können, welche Schneearten auf dem Berg liegen und wie sich das Wetter entwickelt. Natürlich befinden sich unter den Forschern solche, die sich besonders gut mit den Heilsteinen und deren Beschaffenheit auskennen. Sie treffen gerade die letzten Vorbereitungen, bevor sie ihre Expedition starten. Bisher hat es noch keine Forschergruppe geschafft, die Heilsteine zu finden. Alle in der Vergangenheit angetretenen Forschergruppen sind entweder gestorben oder haben ihre Expedition abbrechen müssen. Ein Sherpa, der das Gepäck der Forscher trägt, begleitet das Team auf die Expedition. Alle Forscher werden angeseilt, damit sie gut gesichert sind. Trotz der Ankündigung einer Schlechtwetterfront startet das Expeditionsteam los.

In der Nähe des Basislagers liegt ein Krankenhaus, das über ein sehr gut ausgestattetes Rettungs- und Hubschrauberteam verfügt. Dort arbeiten die besten Ärzte und Krankenschwestern, die Erfrierungen und Bergverletzungen nach dem neuesten Stand der Medizin behandeln können. Die beiden Hubschrauberpiloten können den Hubschrauber exakt genau fliegen. Zurzeit ist eine Inspektorin im Krankenhaus und lässt sich alle Gerätschaften zeigen, die in den Behandlungsräumen und im OP-Saal zum Einsatz kommen. Sie inspiziert den Hubschrauber und dessen Flugfunktionen. Bei der Überprüfung ist alles in bester Ordnung. Das Krankenhausteam wird für die gute Führung gelobt. Bevor die Inspektorin das Krankenhaus verlassen möchte, stolpert sie unglücklicherweise über eine Stromsteckdose und zieht sich einen komplizierten Knöchelbruch am Bein zu. Sie muss sofort versorgt und notoperiert werden. Das gesamte Krankenhausteam ist nun gefordert.

Währenddessen ist das Forscherteam unterwegs in Richtung Mount Everest. Sie müssen über unwegsames Gelände klettern und genauestens darauf achten, wo sie auftreten. Nach mehreren Stunden des Aufstiegs kommen sie an die Schneegrenze. Ab nun müssen sie durch den hohen Schnee stapfen, was sehr anstrengend ist. Mit ihren Pickeln und besonderen Eisschuhen kommen sie jedoch gut voran. Bald haben sie den Gipfel erreicht, der Sauerstoff wird immer dünner und das Wetter schlägt um. Trotzdem beginnen sie nach den Heilsteinen zu suchen, die sie in der Nähe des Gipfels finden. Plötzlich ist aus der Ferne ein Geräusch zu hören, welches nicht wirklich benennbar ist. Alle sind mucksmäuschenstill. Das Geräusch wird immer lauter und lauter, ein Tosen und Donnern erfolgt, und sie sehen, wie eine riesige Schneelawine direkt auf sie zurast. Der Forscher mit dem Funkgerät sendet geistesgegenwärtig einen S.O.S-Notruf ans Krankenhaus. Unter den Forschern bricht Panik aus. Der Sherpa versucht, die Forscher zu beruhigen und zeigt ihnen das richtige Verhalten in einer solchen Ausnahmesituation. Alle legen sich flach auf den Bauch, die Arme umgreifen den Kopf. Und schon ist sie da, eine riesige Lawine, die mit tosender Geschwindigkeit ins Tal braust. Die Lawine

mit ihren riesigen Schneemassen verschüttet das Expeditionsteam. Danach wird es ganz still, beängstigend still.
Doch der S.O.S.-Notruf ist im Krankenhaus angekommen und das Hubschrauberteam fliegt mit den Notärzten sofort los. In nur wenigen Minuten erreicht das Rettungsteam die Unfallstelle. Mit Piepsern werden die Opfer geortet und anschließend mit Schneeschaufeln ausgegraben. Es ist sehr selten, dass ein Rettungsteam mit einer solchen Präzision in kürzester Zeit alle Lawinenopfer bergen kann. Wie durch ein Wunder sind alle Forscher noch am Leben. Manche müssen wiederbeatmet werden, andere brauchen Bandagen an unterschiedlichen Körperteilen. Nach der Erstversorgung werden sie ins Krankenhaus geflogen, wo jeder Forscher vom Krankenhausteam adäquat betreut wird. Außerdem tragen die gefundenen Heilsteine, das gute Krankenhausessen und das freundliche Personal zur baldigen Genesung der Patienten bei. Eine Stunde später ist dieses Ereignis schon zum nepalesischen Minister vorgedrungen, der sofort mit einem Kameramann vom Fernsehen zum Krankenhaus einfliegt, um diese Expeditionstruppe und auch das Krankenhausteam zu ehren. Alle Gruppen haben an diesem Tag bemerkenswertes geleistet: die Forscher, die die Heilsteine entdeckten, und das Krankenhausteam, welches durch die gute Arbeit alle Lawinenopfer lebend bergen konnte. Dieses Ereignis wird in die ganze Welt übertragen – eine Sensation! So endet das heutige Spiel.

Schulgeschichte Flugzeugabsturz

Kinderrollen: Zwei Gruppen:

1. Gruppe: normale Flugpassagiere oder bekannte Persönlichkeiten wie Politiker, Sportler, Wissenschaftler, Sänger, Schriftsteller etc. und Tiere wie Hund oder Katze
2. Gruppe: Flugzeugcrew – der Pilot, Co-Pilot, zwei Stewardessen

Schlüsselrollen für 3–4 Kinder: Eine Pilotin, eine Stewardess, eine herausragende Persönlichkeit, eine Person, die Rettungsidee hat.
Rollen der Lehrerin/Spielleitung: eine Ärztin als Flugpassagierin (Klassenlehrerin), eine Stewardess (Hilfs-Ich-Rolle für Piloten), eine ängstliche, hysterische Passagierin
Bühne: es wird das Flugzeug mit Cockpit aufgebaut, wo alle Kinder einen Platz finden. Die andere Spielbühne ist die einsame Insel, dazwischen sollte ein Meer gestaltet werden.
Spezielle Beachtung: Das Spiel beginnt mit dem Boarding, alle Fluggäste betreten den Flieger und die Stewardessen (nicht mehr als zwei) weisen den Passagieren den Platz zu. Dieses Spiel ist in der Regel einfach durchzuführen, weil es nur eine Spielhandlung gibt. Wenn alle auf der einsamen Insel angekommen und verarztet sind, soll ein Aushandlungsprozess in Gang kommen, wo beratschlagt wird, wer was macht, z. B. Essen beschaffen, einen Unterschlupf für die Nacht finden und wie Rettung geholt werden kann. Die Kinder sind dabei sehr kreativ. Das Spiel eignet sich auch gut als Anfangs- oder Abschlussgeschichte, weil die gemeinschaftliche Erfahrung im Mittelpunkt steht.

Schulgeschichte: Die Boeing 777 von München nach New York steht zum Abflug bereit und das Boarding der Passagiere hat begonnen. Bei diesem Flug sind ganz spezielle Passagiere an Bord, berühmte Persönlichkeiten, die natürlich nach einem ausgezeichneten Service verlangen. Die beiden Stewardessen geben sich Mühe, diesen hohen Erwartungen gerecht zu werden und weisen allen Fluggästen ihren Platz zu. Nach dem Boarding werden die Sicherheitsvorkehrungen für einen Notfall erklärt und demonstriert, wie die Schwimmwesten angezogen und die Atemmasken aufgesetzt werden müssen. Anschließend begrüßt der Kapitän und sein Co-Pilot die Gäste. Sie informieren sie über die Flugbedingungen, Flugzeit, Wetter und wünschen allen einen guten Flug. Die Stewardessen starten sogleich mit dem Service, man kann Getränke bestellen und es wird allen eine feine Mahlzeit serviert, mit Sonderwünschen inklusive versteht sich.

Die Stimmung an Bord ist hervorragend, die Fluggäste unterhalten sich miteinander, einige lesen, hören Musik, spielen Karten oder schlafen. Die Stewardessen erfüllen die Wünsche der Fluggäste. Währenddessen bekommt der Pilot und der Co-Pilot im Cockpit Stress, weil die Kontrolllampe vom Kerosin aufleuchtet. Das Flugzeug befindet sich gerade über dem Meer. Der Co-Pilot nimmt Kontakt mit dem Tower in New York auf und berichtet von dieser ernstzunehmenden Situation. Der Pilot versucht herauszufinden, ob es sich vielleicht um einen technischen Fehler handelt. Jedoch wird die Tatsache immer gewisser, dass die Boeing 777 tatsächlich zusehends Kerosin verliert und sie unter keinen Umständen bis New York kommen wird. Der Pilot ist Gott sei Dank erfahren und bleibt in dieser ernsten Situation ruhig. Er bespricht sich mit dem Co-Piloten, wo sie einerseits eine Notlandung planen könnten, und andererseits, wie sie dies den Flugpassagieren mitteilen, ohne damit eine Massenhysterie auszulösen. Es gibt auf dem Radar weit und breit nichts als Ozean, nur ganz klein und ohne Bezeichnung taucht eine Insel ohne Namen auf. Diese versucht der Pilot nun anzufliegen, während der Co-Pilot es den Stewardessen mitteilt. Der Pilot informiert die Fluggäste über Lautsprecher und erklärt ihnen, dass das Flugzeug aus unbekannter Ursache Kerosin verliert und sie auf einer Insel notlanden müssen. Es soll kein Grund zur Unruhe herrschen, er und sein Co-Pilot haben alles im Griff. Die Passagiere sollten lediglich die Schwimmwesten und Atemmasken unter den Sitzen hervorholen, sich auf ihren Sitzen anschnallen und sich auf die Landung ruhig vorbereiten. Es seien noch 15 Minuten bis zur Landung. Im Passagierbereich macht sich ein gewisses Unbehagen breit, aber auch ein Vertrauen in den Piloten, dass er Wort hält und es schaffen wird, das Flugzeug sicher zu landen.

Die 15 Minuten gehen schnell vorbei und mit dem letzten Kerosin erreicht das Flugzeug mit einem harten Aufprall die Insel. Allen Passagieren geht es halbwegs gut, einige haben sich verletzt, einige stehen unter Schock, aber alle können lebendig das inzwischen brennende Flugzeug verlassen und sich in Sicherheit bringen, bevor es explodiert. Nun befinden sich alle Flugpassagiere inklusive der Flugcrew auf der einsamen Insel ohne Namen. Der Tower in New York ist zwar davon in Kenntnis gesetzt worden, aber es wird Stunden brauchen, bis Hilfe in Sicht ist. Gut, dass es unter den Passagieren eine Ärztin gibt, die die Verletzten versorgen kann. Die anderen beratschlagen, wie sie sich am besten organisieren können. Sie finden zu einer guten Lösung und so können sie die Zeit gut überbrücken, bis Hilfe kommt. Es ist Sommer auf der einsamen Insel und daher angenehm warm.

Alle werden geborgen und nach New York geflogen, es gibt sogar Flugpassagiere, die auf der Insel bleiben möchten, weil es hier so paradiesisch schön ist. Alle Flugpassagiere geben der Insel den Namen Paradies. So endet die heutige Spielgeschichte.